GTB
Gütersloher Taschenbücher
721

»Jiddisch war die Sprache des Herzen ...«

Leo Rosten

Hai und Topsy Frankl

Wenn der Rabbi singt

Jiddische Lieder

Gütersloher Verlagshaus

Originalausgabe

Gewidmet dem Andenken meiner
in Auschwitz ermordeten Eltern
Elli und Erich Frankl

Hai Frankl

Die Deutsche Bibliothek – CIP-Einheitsaufnahme

Frankl, Hai:
Wenn der Rabbi singt : jiddische Lieder / Hai und Topsy Frankl.
– Orig.-Ausg. – Gütersloh : Gütersloher Verl.-Haus, 1996
(Gütersloher Taschenbücher ; 721)
ISBN 3-579-00721-1
NE: Frankl, Topsy:; GT

ISBN 3-579-00721-1
© Gütersloher Verlagshaus, Gütersloh 1996

Umschlaggestaltung: Dieter Rehder, Aachen, unter Verwendung des Gemäldes
Dorfmusikanten von Issachar Ryback, Ryback Art Museum, Bat Yam, Israel
Satz: Weserdruckerei Rolf Oesselmann GmbH, Stolzenau
Druck: Clausen & Bosse, Leck
Gedruckt auf chlorfrei gebleichtem Werkdruckpapier
Printed in Germany

Inhalt

Geleitwort

Die vorliegende Ausgabe beruht auf der Sammlung *Jiddische Lieder*, die 1981 im Fischer Taschenbuch erschien. Von diesem Vorläufer hebt sie sich durch Änderungen, Kürzungen, besonders aber Erweiterung um zahlreiche neue Lieder ab.

Der Schwerpunkt liegt jetzt auf solchen Liedern, die religiös geprägte Elemente der ostjüdischen Lebenskultur widerspiegeln. Das ist umso sinnvoller und sogar notwendiger, als die jüdische Liedfolklore weltweit die einzige Folklore ist, die solche Akzente überhaupt birgt.

In ihr schlägt sich nicht nur Leid und Freud' des einfachen Volkes nieder, sondern auch die weltweit einzigartige Tatsache, daß im traditionsgebundenen Judentum Osteuropas bis zur Hitlerzeit der Großteil der Männer aus talmudisch-scholastisch geschulten Religionsgelehrten bestand, die untereinander schwierigste Religionsprobleme – sogar das der Theodizee (→ Rechtfertigung Gottes angesichts des von ihm in der Welt zugelassenen Bösen) diskutierten und in ihre Lieder hineintrugen.

Hai und Topsy Frankl stellen ihrer Liedersammlung eine Kurzdarstellung der ostjüdischen Geschichte und Kultur voran, in der sie ungewöhnlich klar gerade jene Aspekte des Ostjudentums herausstellen, die Außenstehenden den Zugang zu dieser faszinierenden, heute erloschenen Welt erschließen können. Das jiddische Volkslied ist auf europäischem Boden die einzige Liedtradition, die bis tief in unser Jahrhundert hinein lebendig blieb.

Diese Zusammenfassung ist die gelungenste Sammlung und Interpretation der einzigartigen jiddischen Liedfolklore, die sich in ihren Melodien aus einer bezaubernden Synthese slawischer, rumänischer und orientalischer Elemente speist. Die Erinnerung an diese Tradition wachzuhalten, ist heute, mehr als ein halbes Jahrhundert nach ihrer gewaltsamen Vernichtung, wichtiger denn je.

Salcia Landmann

Notizen zur Geschichte

Sklaven in Ägypten. Gefangene in Babylonien. Aufstand gegen die syrischen Griechen. Von den Römern als Sklaven nach Europa verschleppt. Als Sklaven nach Spanien verkauft. In alle Welt zerstreut. In ewigem Kampf, hartnäckig die Eigenart bewahrend, vor allem um die Ausübung der eigenen Religion kämpfend – viertausend Jahre Leidensgeschichte des jüdischen Volkes.

Zwei große Zentren jüdischer Kultur und Geisteswissenschaft konnten dennoch, in Ruhezeiten der Nichtverfolgung, in Europa entstehen. Einmal in Spanien in friedlichem Zusammenwohnen mit den Mauren, die 711 n.Chr. die Iberische Halbinsel eroberten. Nach der Judenvertreibung 1492 durch die katholischen Könige, Ferdinand und Isabella, siedelten sich die »Sepharden«, wie sich die spanischen Juden nannten, in den Mittelmeerländern an. Sie zogen in die Türkei, nach Italien, Nordafrika und kamen auch nach Holland. Ihr Spanisch entwickelte sich zu dem sogenannten Judenspanisch »Spaniolisch« oder »Ladino«, dem »Jiddisch der Sepharden«.

Das zweite große Zentrum entstand, als Folge der Geschehnisse in Europa, in Polen und anderen osteuropäischen Ländern.

Auch in Deutschland waren die Juden schon sehr früh mit den Römern an den Rhein gekommen. Seit etwa 300 n.Chr. gibt es Berichte darüber. Die jüdische Gemeinde in Köln wird erwähnt. Die Römer hatten ja große Zentren für Verwaltung und Handel in ihren Provinzen, vor allem an strategisch wichtigen Schnittpunkten an Rhein, Mosel, Main und Donau. So entstanden unter anderem Mainz, Köln, Augsburg und Trier. Jahrhundertelang konnten die Juden dort friedlich neben der anderen Bevölkerung leben und alle Berufe ausüben. Dank ihrer überregionalen Beziehungen zu Glaubensgenossen wurden viele von ihnen Handels- und Kaufleute. Sie bildeten eigene Gemeinden, die bis zum 11. Jahrhundert stark anwuchsen. So lebten sie nach ihren Vorschriften und Gesetzen, hatten eigene Schulen, widmeten sich der Krankenpflege und unterstützten ihre Armen, wie der Talmud es ihnen vorschrieb. Sie hielten ihren Sabbat, der mit dem Sonnenuntergang am Freitagabend beginnt, hatten also den Samstag und nicht den Sonntag zum Feiertag, hielten ihre rituellen Speisevorschriften, kurz: Dieses religiöse Leben war das einzige, was sie von den Christen trennte.

Dann brach, mit dem zunehmenden christlichen Fanatismus der Kreuzzüge, eine Katastrophe nach der anderen stoßweise über sie herein. Eine Plage, die etwa 200 Jahre anhielt. Die Päpste in Rom hatten sich inzwischen eine solche Machtstellung erobert, daß kaum ein weltlicher König oder Kaiser etwas gegen sie vermochte.

Als Papst Urban II. im Jahre 1095 zu einem europäischen Kirchentreffen einlud, hetzte er die Gläubigen auf, zu den Waffen zu greifen, nach Jerusalem zu ziehen, um dort das heilige Grab von den Muselmanen zu befreien. Als Dank dafür versprach er den Kreuzfahrern die ewige Seligkeit. Unter dem Kriegsruf »Gott will es« machten sich Tausende auf den Weg. Ritter, Raubritter, Abenteurer und Gesindel. Auf der linken Schulter trugen sie ein vom Papst gesegnetes rotes Wollkreuz. Priester und Mönche wanderten umher und forderten die Massen zur Teilnahme auf, was viele sicher nur taten, um der in vielen Gegenden herrschenden Hungersnot zu entkommen. Außerdem glaubten sie, daß jetzt ein abenteuerliches und glanzvolleres Leben für sie beginne. Auf dem Weg rechneten sie dann erst einmal mit den Juden ab, die ihrer Ansicht nach den Heiland gekreuzigt hatten. Allein in den Rheinprovinzen fielen ihnen in wenigen Monaten über 12 000 jüdische »Gottesmörder« zum Opfer. Darüber existiert ein Dokument, Bericht des jüdischen Chronisten Salomon Simson – wenig davon findet man in den Schulbüchern.

Während einer fünfzigjährigen Ruhepause wurde von den überlebenden Juden alles wieder aufgebaut, was in Trümmern lag: Schulen, Synagogen und das Gemeindeleben. Da betrat im Jahre 1146 ein finsterer Mönch die Szene: Radulf von Clairvaux, der mit einem neuen Heer von Kreuzfahrern wieder über die Juden herfiel. Da diese aber immer an ihrer Religion festhielten und sich nicht taufen lassen wollten, starben viele von ihnen einen qualvollen Tod. Nach etwa 40 Jahren war der dritte Kreuzzug fällig – jetzt wurden auch die Juden in England verfolgt.

Nachdem Kaiser Heinrich IV. 1077 vor dem Papst Gregor VII. in Canossa zu Kreuze gekrochen war (später besiegte und vertrieb er ihn allerdings) und sogar der mächtige Hohenstaufenkaiser Friedrich I., genannt Barbarossa (Rotbart), nichts gegen die Päpste ausrichten konnte, blühte deren Macht und Gewalt wie noch nie.

Einer der schlimmsten in seinem Verhalten zu den Juden war Innozenz III. Auf dem Laterankonzil 1215 bestimmte er, daß die Juden als »Ungläubige« von den Christen getrennt werden sollten, und schuf damit die Voraussetzung, sie in Ghettos einzusperren. Sie durften nicht die gleichen Berufe ausüben wie die Christen, mußten sich in der Kleidung von den »Gläubigen« unterscheiden. Bald zwang man sie dann, den gelben oder roten Judenfleck zu tragen (den Vorläufer des Judensterns bei den Nazis). Die spezielle Barttracht der Juden, die aber nicht auf päpstliche Verordnung zurückging, sondern auf Bibelgesetz, und den ihnen aufgezwungenen »Judenhut« kann man auf mittelalterlichen Miniaturen studieren. Wirtschaftliche Verelendung war die Folge. Nur die Berufe des Kleinhändlers, Trödlers und Geldausleihers blieben ihnen erlaubt – was später von Antisemiten als Argument gegen sie angeführt wurde.

Als sich 1348 in Europa die Pest verbreitete, schob man den Juden die

Faksimile aus der Manessischen Liederhandschrift.
Ganz rechts der jüdische Minnesänger Süßkind von Trimberg
mit dem für Juden im Mittelalter typischen Hut, den sie tragen mußten.

Schuld an ihr zu: Man bezichtigte sie, Brunnen vergiftet zu haben, um alle
Christen zu vernichten, man beschuldigte sie zudem des Mordes an Kindern, um deren Blut für rituelle Zwecke zu verwenden, man klagte sie wegen Hostienschändungen an. Der von der Geistlichkeit geschürte Juden-
haß kannte jetzt keine Grenzen mehr – zu Hunderten und Tausenden
wurden sie verbrannt und auf alle erdenklichen Arten zu Tode gemartert.

Man weiß, daß es auch manchmal bewaffneten Widerstand der Juden gegeben hat, z.B. in Mainz, aber was vermochten sie gegen die Übermacht – sie starben dann lieber freiwillig in den Flammen ihrer Häuser. Wie schon seinerzeit im Tempel zu Jerusalem und wie schon auf der Felsenfestung Massada am Toten Meer, wo tausend Juden noch drei Jahre gegen die Römer standhielten und, als es dann nicht länger ging, sich selber umbrachten: Männer, Frauen und Kinder. Flavius Josephus, der es uns beschreibt: »Die Römer schauderten bei dem Anblick . . .« Das war im Jahr 73 n.Chr.

Von den Schrecknissen in Mittel- und Westeuropa flohen die »Aschkenasim«, wie sich die deutschen Juden nannten, nach Osteuropa. In Polen und Rußland, in Litauen und Galizien, Wolhynien und der Süd-Ukraine siedelten sie sich an. Mit offenen Armen wurden sie von den polnischen Königen empfangen, sie füllten dort eine Lücke, sie bildeten den Mittelstand: Bisher hatte es dort nur Adel und Bauernstand gegeben. Hier durften sie Handwerker sein, keine christlichen Zünfte verboten es ihnen, sie lebten auch vom Ackerbau, von Handel und Gewerbe. Sie wurden Verwaltungsbeamte bei den Adligen, besaßen Wirtshäuser und Mühlen. Anfang des 16. Jahrhunderts verlagerte sich so der Schwerpunkt des jüdischen Lebens nach Polen. Es entstanden berühmte Talmud-Akademien wie z.B. in Wilna, Litauen. Das geistige und kulturelle Leben blühte.

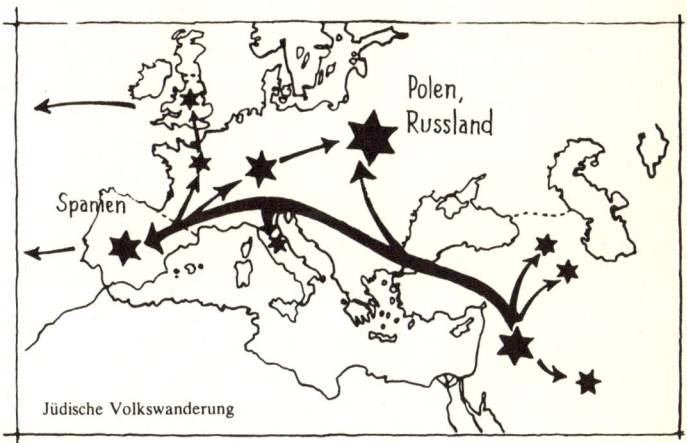

Jüdische Volkswanderung

Dies währte bis 1648, wurde aber dann in großen Teilen Polens und vor allem in der Ukraine durch den Kosakenaufstand des Hetman Chmielnizki (Kosakenoberhaupt) zerschlagen. Während der Jahre bis etwa 1670 wurden 350 000 Juden von seinen Horden ermordet. Den äußeren Anlaß

11

Jüdisches Dorf in Russisch-Polen.
Foto: Hermann Eckner, 1916.

boten die Schwäche der polnischen Könige und die dadurch verursachte chaotische und unsichere Situation im Lande, und vor allem auch die Unterdrückung der Kosaken und Bauern in der Ukraine durch den polnischen Adel. Da es nun viele Juden beim Adel zu Verwaltern gebracht hatten, mußte gleich die große Masse der Juden daran glauben.

In Boris Krupnietzkis umfassendem Werk »Geschichte der Ukraine« lesen wir ausschließlich, welch ein Held und Freiheitskämpfer dieser Chmielnizki war! Und heute wird Chmielnizki in Rußland allgemein als großer Freiheitsheld gefeiert. Verfolgt und zuletzt auch von den Polen verraten, flohen wieder Juden zerlumpt und als Bettler durch die Lande, einige zurück in den Westen. Das Gemeindeleben lag in Trümmern.

Und doch erholte sich das jüdische Volk wieder ein wenig, obwohl es arm blieb – vielleicht trug die mächtige Bewegung des Chassidismus etwas dazu bei. Darüber und wie es dann unter den russischen Zaren weiterging (nach der Teilung Polens kam ja der größte Teil unter russische Herrschaft) geht einiges aus unseren Kommentaren zu den Liedern hervor.

Hai Frankl

12

Die Sprache

»Jiddisch war die Sprache des Herzens, die Sprache des Leidens, der Inbegriff tausendjähriger jüdischer Geschichte und Trauer.«   Leo Rosten

Der Ursprung des Jiddischen liegt im Mittelalter. Immer mehr wurden die Juden in Ghettos eingesperrt und von der Außenwelt isoliert. Sie sprachen ja zunächst das gleiche Mittelhochdeutsch wie die Christen. Da die Juden aber immer die Bibel und den Talmud im Originaltext lasen, verarmte durch die Isolierung ihr deutscher Wortschatz; viele Wörter wurden einfach durch hebräische oder aramäische ersetzt. So entstand das sogenannte »Juden-Teutsch«.

Diese Sprache nahmen sie mit in den Osten. Nach Abtrennung vom deutschen Sprachraum entwickelte sich das Jiddisch zu einer echten Volkssprache. Die mittelhochdeutschen Dialekte, die sich in Deutschland langsam zu dem heutigen Deutsch herausbildeten, blieben im Jiddischen fast unverändert erhalten, nur flossen mehr und mehr slawische, litauische, hebräische und aramäische Worte in die Sprache ein.

Eigenartig ist es, daß diese Sprache von vielen Juden, vor allem später in der Aufklärungszeit, selber bekämpft wurde. Der Philosoph Moses Mendelsohn (1729–1786) hatte Jiddisch noch als ein Kauderwelsch bezeichnet. Er meinte, man sollte es aufgeben und zur Landessprache übergehen. Als »Mischmasch« und »Jargon« wurde es lange Zeit geschmäht. Die jüdischen »Aufklärer« und Kritiker innerer jüdischer Mißstände waren aber trotzdem gezwungen, jiddisch zu schreiben, um sich dem Volk verständlich zu machen, und begannen dabei auf einmal, »dieses eigentümliche, zugleich geistig überscharf zugeschnittene und doch von naiver, volkstümlicher Kraft und Farbe überquellende Jiddisch« (Landmann) zu lieben.

So entstand die jiddische Literatur mit ihren Klassikern Mendele Moicher Ssforim (Abramowitsch), Michael Goldfaden, Jizchak Leib Perez und Scholem Alejchem. Besonders Ssforim und Alejchem schildern in Geschichten und Legenden voller Armut, Trauer und Elend das jüdische Volksleben in einer Sprache, die bald fast der einzige Zufluchtsort dieser Menschen war. Sie erzählen uns von dem Leben in den Ghettos und kleinen Siedlungen des 19. Jahrhunderts. Zusammengedrängt, wie die Menschen dort lebten, gab es wenig Möglichkeiten zu sinnvoller Aktivität oder normalem Broterwerb. Hier eine kurze Schilderung Ssforims:

»Würde man plötzlich einen Juden fragen, den man auf der Straße trifft, von was er eigentlich lebte, wäre er erst stumm und suchte lange nach einer Antwort, als wüßte er nicht, was er sagen solle. Aber dann würde er sich besinnen und ganz einfach und naiv erklären:

›Tja, wie ich mein Geld verdiene? Es gibt einen Gott, der über seine Kinder wacht. Er sorgt für sie und wird sicher auch für mich in der Zukunft sorgen. – Das ist alles, was ich sagen kann.‹

›Ja, aber was machen Sie, haben Sie nicht irgendeinen Broterwerb oder Beruf?‹

›Gott sei ewig gelobt. Wie Sie mich hier sehn, habe ich (Dank sei der großen Gnade des Herrn) ein Talent, ein teures Instrument, eine schöne Stimme, und bei Festen bin ich Sänger in der Synagoge, die in der Nähe der Stadt liegt. Ich bin auch ›Mohel‹, ich mache die Beschneidung der Knaben; und es gibt keinen, der so gut wie ich Löcher in die Mazze, das ungesäuerte Brot stechen kann. Manchmal bin ich auch Ehevermittler. Im Augenblick verkaufe ich etwas Alkohol (Pst! Nicht weitersagen! Ich tue es ohne Lizenz!), das gibt mir die Butter auf das Brot. Ich habe eine Ziege, die gibt mir reichlich Milch, manchmal kann ich auch einen reichen Verwandten melken – bei besonders schlechten Zeiten. Und im übrigen kann ich nur immer sagen, Gott ist ein Vater, Gott ist ein Vater . . .‹«

So konnte man also einer ganzen Reihe von Beschäftigungen nachgehen, die eigentlich keine richtigen Berufe waren: Ehevermittler, Synagogenwächter, man konnte auch Almosen einsammeln, Agent jeglicher Art sein, und somit gab es auch eine ganze Reihe halbkrimineller oder ganz unfruchtbarer Berufe, deren Angehörige auf jiddisch mit dem treffenden Wort »Luftmenschen« bezeichnet wurden.

Einer der eigentümlichsten Berufe im Ghetto war der »Beruf« des Schwiegersohns. In diesen kleinen gläubigen Gemeinden, wo das Leben sich um die Synagoge drehte, mit seinen täglichen drei Andachten, wo Festtage, Fastenzeiten und rituelle Zeremonien viel Zeit kosteten, war das Lesen der heiligen Bücher eine wichtige Beschäftigung. Ein Schwiegersohn, ein ehemaliger Talmudstudent, konnte also jahrelang von seinem Schwiegervater ausgehalten werden, wenn er nur die heiligen Schriften studierte und damit dem Hause große Ehre brachte.

Dieser Welt entstammt auch die köstliche Beschreibung in »Tewje, der Milchmann« von Scholem Alejchem, wie Tewje seine vorgeschriebenen

Jankel, der Milchmann

Gebete an Gott den Herrn richtet und es dabei nicht sein lassen kann, auch persönliche Fragen zu stellen und seine Kommentare zu äußern über die ungerechte Art, wie seiner Ansicht nach die Welt von »Ihm« gesteuert wird und wie er sie sich selbst besser wünschen würde. Dieses kritische »sich mit Gott unterhalten« ist allein schon ein Trost für ihn, Trost der Worte, die ihm vielleicht mehr Kraft geben, als das eigentliche rituelle Gebet. Arm ist Tewje, müde und zerschlagen von der Arbeit, das Pferd war den ganzen Tag widerspenstig und hat ihn geärgert, sein Weib ist immer schlecht gelaunt (das bekannte Musical verschönt etwas), er hat sieben Töchter, die er kaum ernähren und für die er keine Mitgift aufbringen kann. Die Töchter muß man doch aber verheiraten! (Siehe das Lied: Di Mesinke ojssgegebn!)

Ohne darüber nachzudenken, sprechen wir jiddisch. Viele Wörter sind auf dem Weg über das Rotwelsch und die Gaunersprache ins Deutsche gelangt. Wir sagen: »mies« (hebräisch Miúss = Ekel), »meschugge« (hebräisch m'schugá = verrückt), man ist »pleite« (plejta = Flucht), Ganew oder Ganove (ganáw = Dieb, Gauner). Mammon, kotzen, schäkern, mogeln und vermasseln sind alles hebräische Wörter. »Hazloche un broche« (hebräisch hazlachá, b'rachá) bedeutet »Glück und Segen«, daraus wurde »Hals- und Beinbruch«, eine lautmäßige Veränderung des Originalausdrucks also und nicht, wie man oft meinte, eine abergläubische Beschwörung des Guten, indem man scheinbar das Böse herbeiwünscht. Und »blauer Montag« oder »blau« sein hat nichts mit blauer Farbe zu tun, sondern kommt von hebräisch b'lo, in deutschjüdischer Aussprache b'lau, einer Verneinungsform. Wenn einem »das Moos fehlt«, dann kommt das von maot, jiddisch mo'ess (Geld), ebenso der »Kies« (Kiss = Geldtasche). Beispiele könnten noch viele angeführt werden.

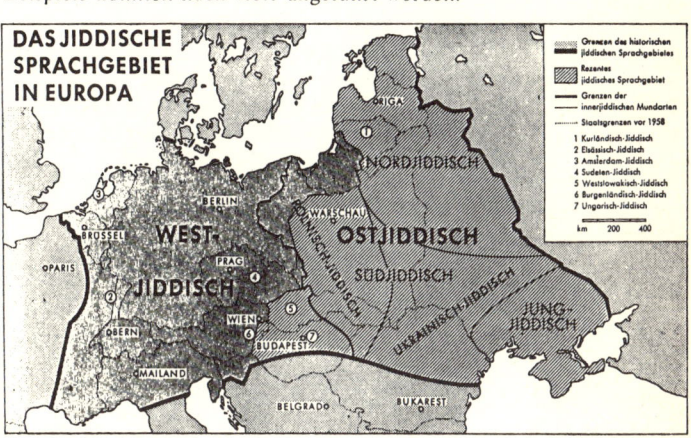

DAS JIDDISCHE
SPRACHGEBIET
IN EUROPA

Grenzen des historischen jiddischen Sprachgebietes
Bezantes jiddisches Sprachgebiet
Grenzen der innerjiddischen Mundarten
Staatsgrenzen vor 1958

1 Kurländisch-Jiddisch
2 Elsässisch-Jiddisch
3 Amsterdam-Jiddisch
4 Sudeten-Jiddisch
5 Westslowakisch-Jiddisch
6 Burgenländisch-Jiddisch
7 Ungarisch-Jiddisch

km 200 400

NORDJIDDISCH

WEST-JIDDISCH

OSTJIDDISCH

SÜDJIDDISCH

JUNG-JIDDISCH

Ob Jiddisch nach der Vernichtung des Ostjudentums noch weiterleben wird, darüber sind sich die Sprachforscher uneinig. Schon seit den Verfolgungen unter den Zaren hatte sich ein großer Teil der Ostjuden in die USA gerettet. Das Leben im jüdischen Quartier in New York erinnerte zunächst stark an die östlichen Ghettos. Neben Englisch hört man noch viel Jiddisch.

Auch in der Sowjetunion gibt es, oder gab es bis vor kurzem, noch an die zwei Millionen Juden, die Jiddisch konnten. Aber schon lange hat jeglicher Schulunterricht in jiddischer Sprache aufgehört, die jiddischen Zeitungen sind weitgehend verschwunden, alle jüdischen Kulturtraditionen sind zertrümmert worden. Und dies, obwohl die radikalen jüdischen Sozialisten, die »Bundisten«, bewußt jiddisch sprachen, um sich dadurch von den »Zionisten« zu distanzieren, die sich zur hebräischen Sprache bekannten. Vernichtet wurden auch die russisch-jiddischen Dichter durch den Stalinterror. »Unsterbliche Opfer, ihr sanket dahin . . .«, heißt es in einem sozialistischen Lied. Unsterbliche Opfer: David Bergelson, Osip Mandelstam und viele andere mehr. Daß sie Kommunisten waren, half ihnen nichts.

In Israel hat sich die Einstellung zum Jiddisch in der letzten Zeit entscheidend geändert. Zu Anfang wollte man, daß jeder so schnell wie möglich Hebräisch lernte und empfand dabei Jiddisch nur als störend. Auch erinnerte es zu sehr an die schreckliche Vergangenheit. Heute hat man eingesehen, daß Jiddisch ein kostbarer Bestandteil des jüdischen Kulturerbes ist. Gerade auch in seiner engen Verbindung zum Hebräischen. Schließlich sprachen auch die Gründer des modernen Neuhebräisch ursprünglich Jiddisch. Heute hat die Hebräische Universität in Jerusalem ein Jiddisch-Institut. Es dient der Erforschung der jiddischen Sprache und bildet Lehrer für Jiddisch aus, und im Gymnasium können die Schüler als zweite Fremdsprache Jiddisch lernen. Außerdem gibt es für jedermann Abendkurse für Jiddisch.

Solange es noch jiddisch schreibende Dichter und Schriftsteller gibt, lebt auch noch die Sprache: Bella Chagall: »Brennende Lichter«, Itzik Manger: »Das Buch vom Paradies«, und zuletzt noch, als große Ehrung einer schon totgeglaubten Sprache, die Auszeichnung des jiddisch schreibenden Dichters Isaak Bashevis Singer mit dem Nobelpreis der schwedischen Akademie.

Hai Frankl

Zur Schreibweise der jiddischen Texte

Jiddisch enthält etwa 90 Prozent indogermanische Elemente (hauptsächlich Mittelhochdeutsch) und nur etwa zehn Prozent semitische – hebräische und aramäische – Wendungen. Trotzdem wird es von den Juden selbst immer nur in hebräischen Buchstaben geschrieben, in einer Schrift also, die von rechts nach links läuft und ein Konsonantenstenogramm mit kleinen Hilfszeichen für die Vokale ist. Diese Vokale wurden in den verschiedenen Regionen des einst sehr großen jiddischen Sprachraumes in Osteuropa unterschiedlich ausgesprochen. Für die hebräische – wie gesagt, weitgehend vokalfreie – Schreibweise spielte das keine Rolle, es trat in ihr nicht in Erscheinung. Wohl aber bei der Transkription jiddischer Texte in indogermanische Sprachen.

Das Jiddistik-Institut YIWO in New York hat nun, hauptsächlich für Bühnenzwecke, ein gut klingendes Mischidiom aus nord- und südjiddischen Ausspracheelementen herausgearbeitet, nach dem sich auch die Transkription der jiddischen Lieder in unserem Buch weitgehend richtet. Es schien uns unzweckmäßig, dem Benutzer des Werkes je nach regionaler Herkunft eines Liedes verschiedenartige Ausspracheformen anzubieten.

Allerdings hat auch eine allzu konsequente Vereinheitlichung der Aussprache gerade beim Jiddischen ihre Tücken. So kann es vorkommen, daß bei genau nach YIWO-Rezept transkribierten Liedern Reime zerstört werden. Statt »Tisch/Kisch (Kuß)« oder »wieder/Gerider (Getümmel)« lautet das zweite Reimwort nun plötzlich »Kusch« und »Geruder«. Wir haben in solchen Fällen hie und da Konzessionen an andere regionale Ausspracheformen gemacht.

Dagegen halten wir uns streng an die YIWO-Vorschrift, alle deutschen Wörter nicht nach hochdeutschen grammatischen Regeln, sondern – wie übrigens auch im hebräisch geschriebenen Originaljiddisch – nur rein phonetisch wiederzugeben (vgl. hierzu auch Landmann: Jiddisch, Abenteuer einer Sprache, Limes-Verlag). Wir schreiben also nicht »Liebe« oder »sehr«, sondern »Libe« und »ser«.

Da die hebräische Schrift ferner für scharfes S (wie in »naß«) und für sonoren S-Laut (wie in »sogar«) verschiedene Buchstaben kennt, haben wir, um diesen gleichen Unterschied in der Transkription beizubehalten, das scharfe S prinzipiell als Doppel-S (SS) wiedergegeben, und zwar auch bei Wortbeginn, also z.B. »Ssimche«, »Ssender« etc. Das stimmhafte »Sch« wie in »Genie« haben wir mit »sh« wiedergegeben.

Übrigens decken sich auch bei rein deutschen Wörtern scharfe und sonore Aussprache des S im Jiddischen und im Deutschen nicht immer: Man spricht jiddisch »ess« für »es«, dafür aber »musn« für »müssen«.

Hebräische Wörter im Text sind in der »europäisierten« Aussprache der Ostjuden wiedergegeben, die sich mit der heute in Israel wieder gebräuchlichen sogenannten »sephardischen« Aussprache nicht deckt. Der Leser findet aber im Glossar jeweils die »israelische« Aussprache neben der der Ostjuden in Klammern vermerkt.

Im Hebräischen gibt es auch keine Majuskeln. Hai und Topsy haben es aber vorgezogen, alle Hauptwörter im jiddischen Text dennoch groß zu schreiben. Für den deutschsprachigen Leser sind die Liedinhalte auf diese Weise in der Tat viel leichter faßbar und verständlich.

Um die Liedertexte nicht mit allzu vielen Kommentaren und Übersetzungen einzelner schwer verständlicher Wendungen zu belasten, haben wir das Buch durch ein kleines Glossar ergänzt, das vor allem über hebräische und aramäische Wörter und Wendungen und über jüdische Religionsbräuche Auskunft gibt.

Salcia Landmann

Die Lieder –
Klesmorim und Badchonim

Yiddish, golden well of mine!
It was your waters that the Baal Shem drank,
And the holy Maggid of Mezeritch
And he of Bratzlav, and the Berditchever –
And so many of the humble poor.
In wandering the roads of many countries
And in the everlasting in-between-world
Where kindled are both truth and legends
Yiddish – O well of shining light!

J. I. Segal

Aus dem geschilderten Ghettomilieu und den Zwangssiedlungen der kleinen Dörfer und Städte des Ostens, den grauen und engen Gäßchen, Stadtteilen, in die sich die Juden auch freiwillig zurückzogen, um sich leichter gegen Angriffe der Umwelt zu schützen, sind die Lieder langsam, manche über Amerika, zu uns gekommen. Bei vielen dieser Volkslieder kennt man weder Textverfasser noch Komponisten. Einige können hundert und mehr Jahre alt sein. Sie erzählen von Schmerz, Liebe, Sehnsucht, Trauer, Melancholie, aber auch etwas über die Eigenart, das Brauchtum und die Geschichte der Menschen, die Jiddisch sprachen. Der Schrei aus Not, Angst und Hunger, wenn auch manchmal mit Selbstironie gepaart, der aus ihnen dringt, kann niemanden unberührt lassen. Noch stärker aber ergreifen die Lieder, die in unserer Zeit beim Untergang des Krakauer und Warschauer Ghettos oder bei den Widerstandskämpfern in Wilna entstanden sind, seien es Partisanenlieder oder Wiegenlieder der Mütter. Wir denken da vor allem an Hirsch Gliks »Sog nit kejnmol«, »Schtil, di Nacht is ojssgeschternt« und Mordechaj Gebirtigs »Ss'brennt, Brider, ss'brennt«. Beide sind durch die Nazis umgekommen.

Oft ist in den Liedern von den Klesmorim (Musikanten) die Rede. »Schpilt ojf, Klesmorim!« heißt es. Bei A.Z. Idelsohn erfahren wir viel über das jüdische Musikantentum: In den Jahrhunderten nach der zweiten Zerstörung des Tempels in Jerusalem hatten sich die Juden zum Ausdruck der Trauer beim Gottesdienst instrumentale Musik verboten. Nur bei Hochzeiten und beim lustigen Purimfest blieb Musik üblich. Es war eine Ehre, die Braut zu preisen und zu besingen. Und beim Tanzen und Singen waren auch die sonst ernsten Verwalter des Talmudischen Gesetzes dabei, ohne es unter ihrer Würde zu finden. Das Volk nahm die Gelegenheit wahr, sich zu freuen und der unterdrückten Sehnsucht nach Musik und Tanz Luft zu machen. Durch das ganze Mittelalter hören wir von wandernden jüdischen Musikanten, die sich trotz hoher Steuern, Schikanen und Verboten durch die christlichen Behörden durchsetzten. Sie wa-

19

ren auch Hofmusikanten bei Sultanen und Kalifen, bei Herzogen und Königen, spielten bei jüdischen wie bei christlichen Zeremonien, in Synagogen und Wirtshäusern, in Weinstuben wie auf Kirmeswiesen bei Volksfesten. Alles, was das Publikum wollte, konnten sie spielen, von elegischen Stücken bis zu wilden Tanzmelodien.

Bekannte jüdische Musikantengruppen gab es in Prag, Fürth, Frankfurt und Berlin. Berufsmäßige Klesmorim dienten als Militärmusiker in deutschen Armeen. Ein gewisser Chajim, Zimbalist aus Polen, fiel im Dreißigjährigen Krieg, 1637, als er bei Wallenstein im Sold war. Die Beschreibung einer Klesmorimband um 1800 spricht von zwei Geigen, einer Klarinette, einem Cello und einem Hackbrett (Dulzimer). Das letztere ist ein Saiteninstrument, das heute wieder bei den anglo-amerikanischen Folksängern beliebt geworden ist.

Nach zunehmender Emanzipation der Juden in Europa setzte sich die Tradition der Klesmorim-Spielleute in Osteuropa fort. Michael Joseph Gusikow, 1806 in Schkow geboren, stammte aus solch einer Klesmorim-Familie. Er lernte von seinem Vater erst Flötespielen, mußte es aber aufgeben wegen schlechter Lungen und erlernte danach das Hackbrett. Daraus entwickelte er die sogenannte »Straw-Fiddle«, ein selbstgebasteltes Instrument, das er virtuos beherrschte. Nun machte er sich auf den Weg, teilweise zu Fuß. Erst in Rußland und dann in ganz Europa hatte er einen Riesenerfolg. Mit seinem schwarzseidenen Langrock (Kaftan), schwarzen Hut und den »Pejess« (Schläfenlocken des orthodoxen Juden) trat er auf die Bühne, und mit seinem einfachen Instrument verzauberte er das Publikum. Ein echter Volksmusikant. Felix Mendelssohn-Bartholdy sah ihn im Konzert und schrieb: »Er ist ein Phänomen, er gefällt mir besser als so mancher Klavierspieler, seit langem hat mir kein Konzert mehr Spaß gemacht – der Mann ist ein Genie!« Ein zeitgenössischer Kritiker schreibt: »Aus Holz und Stroh zaubert er Töne, die uns ergreifen...«

Durch die zeremonielle Verwendung des Alten Testaments im Synagogengesang bekommt man etwas über verschiedene musikalische Traditionen zu wissen. Es gab eine babylonische, eine persische, eine italienische, eine spanische (= sephardische), eine sephardisch-ägyptische, später eine sephardisch-holländische, sephardisch-französische und eine aschkenasische (d.h. deutsche) Tradition. Dieses uralte Musikerbe hat eine Rolle gespielt, als die Chassidim in ihrem ekstatischen Gottesdienst begannen, frei zu improvisieren. Und wenn sie auch ukrainische, slawische, deutsche und baltische Elemente aus der Volksmusik ihrer Umgebung noch hinzumischten, so entstand gerade aus dieser Mischung und Verarbeitung der spezielle jüdisch-chassidische Ton, den man sofort heraushört. Er ist dann auch später in den USA in Jazz und Musical eingegangen.

Nun, einige jiddische Lieder klingen wirklich nur wie deutsche oder slawische Volkslieder. Viele andere wieder sind von der uralten semitischen Tradition der Juden geprägt. Aber nicht nur die ekstatischen Gesänge der Chassidim boten Trost, sondern auch die anderen jiddischen Lieder, obwohl sie oft geprägt waren von Traurigkeit und Melancholie, später von Trotz und Widerstand. Witz, Satire und Selbstironie gab es viel bei den »Badchonim«, auf die wir auch in einem Kommentar hinweisen, und ist wohl von daher in die Volkslieder eingedrungen. Diese fahrenden Volkssänger und Komödianten, manchmal auch »Lejzim« genannt, kann man bis ins frühe Mittelalter zurückverfolgen. In Deutschland nannte man den Badchen manchmal auch Marschalik. Auch er durfte zunächst nur bei Hochzeiten oder zum Purimfest auftreten. In manchen Zeiten war es ein »Ehrenberuf«, dann wieder, in Zeiten nach Pogromen, wetterten ernste Rabbiner gegen »dieses Unwesen, dieses Gauklertum ...« Aber in Ruhezeiten erfreuten sie die Menschen und versuchten, Frieden zwischen Feinden zu stiften. Der »Badchen«, der natürlich auch seinen Talmud gelesen hatte und in der Thora gebildet war, konnte daraus Sprichwörter zitieren und an die Schrift anknüpfen. Durch witzige und satirische Unterhaltung belehrte er gleichzeitig das Volk.

Vielleicht war der jüdische Minnesänger Süßkind von Trimberg ursprünglich ein solcher Badchen. In der Manessischen Liederhandschrift der Heidelberger Universitätsbibliothek sieht man ihn auf einer Miniatur des 14. Jahrhunderts vor einem christlichen Fürsten mit Anhang, scheinbar in lebhafter Unterhaltung. Er trägt die typische Tracht, den Bart und den spitzen Judenhut, den die Juden damals tragen mußten.

Zum Schluß: Nicht alle Lieder, die wir im Laufe der Jahre gesammelt haben, konnten in diesem Buch Platz finden, und es fiel uns oft schwer, zwischen dem einen oder anderen Lied zu entscheiden. Das vorliegende Buch kann nur eine kleine Übersicht geben. Wieweit diese Lieder noch einen »Lebensraum« haben (es fehlt ja der Hintergrund, das jiddischsprachige Ostjudentum, das von den Nazis völlig ausgerottet wurde) –, darüber läßt sich streiten. Solange aber jiddische Literatur und Dichtung weiterleben, leben vielleicht auch noch diese Lieder. Ironie des Schicksals: Gerade in Deutschland wurden von der bündischen Jugend jiddische Lieder gesungen. Von da, und auch von Amerika, sind sie in die heutige kritische Folksong-Bewegung eingegangen.   Hai Frankl

»Sage niemals, daß du den letzten Weg gehst,
Wenn auch bleierner Himmel die blauen Tage verdeckt.
Kommen wird noch unsere erträumte Stunde,
Dröhnen wird unser Schritt: Wir sind da!«   Hirsch Glik

»Wir leben ewig in jeder Stunde.
Wir wollen leben und erleben
und schlechte Zeiten überleben.
Wir leben ewig! Wir sind da!«   Jiddisch anonym

Chassidismus

Oft steht bei jiddischen Volksliedern »chassidische Melodie« neben oder unter dem Titel. Oder es ist im Text von den Chassidim die Rede. Wir finden, daß es dann meistens besonders schöne Lieder oder Melodien sind. Der Chassidismus war eine jüdische Sekte, die bald zu einer Volksbewegung anschwoll und sich vor allem in Südpolen und Galizien ausbreitete.

Der Gründer hieß Elieser von Miedzyboż und lebte von 1700 bis 1760. Man nannte ihn den »Baal-Schem-Tow« (Meister des guten Namens) oder verkürzt: Bescht. Die Lehre war eine Bejahung der leiblich-irdischen Lebensfreude, wenn sie nur auf Gott gerichtet war. Lebensfreude, Singen und Tanzen bis zur Ekstase, mystische Verzückung im Gebet waren ein Teil des Gottesdienstes. Schüler scharten sich um ihren Meister und Mittler zwischen oberer und unterer Welt, den sie »Zaddik« (Gerechter, Heiliger) nannten; »in begeisterter Freude trinken sie einander zu, singen und tanzen miteinander, erzählen sich Wundergeschichten, helfen einander und setzen sich füreinander ein« (Martin Buber).

Einige der Schüler wurden dann selbst berühmte Zaddikim, um die sich wieder Schüler scharten, und das Volk verehrte sie wie Heilige.

Salcia Landmann schreibt in ihrem Buch »Jiddisch, Abenteuer einer Sprache«: »Der Chassidismus war eine Bewegung der armen kleinen Leute. Die chassidischen Rabbis entstammten nicht wie die andern gelehrten Dynastien. Sie erwarteten auch von ihren Jüngern nicht Talmudgelehrtheit, sondern naive, demütige Hingabe an Gott. Und genau wie schon Jesus seinerzeit zum Volke in dem damals verbreiteten aramäischen Mischdialekt gesprochen hatte und nicht im biblischen Hebräisch der Gelehrten, so bejahten auch die chassidischen Rabbis das Jiddisch, das wir schon einmal als das Aramäisch der Neuzeit bezeichnet haben . . .

In Jiddisch, und nicht in Hebräisch, notierten die Chassidim, die Jünger der Bewegung, daher auch die Wundergeschichten ihrer Rabbis. Diese chassidischen Geschichten, die im Westen durch Martin Bubers Übersetzungen und Kommentare bekannt geworden sind, waren einfach und kindlich im Stil, innig im Glauben, verklärt und von Märchenglanz überleuchtet . . . Sie rühren das Herz an wie alte liebe Volksmärchen.«

Es gab schon vorher einmal eine jüdische mystische Bewegung, die im frühen Mittelalter von Spanien ausging und deren Anhänger die Kabbalisten (von Kabbala = wörtliche Überlieferung, Offenbarung) hießen. Sie fand aber nur eine geringe Schar von Anhängern, eine kleine Schicht Gelehrter, die sich dann in Safad, damals Palästina, heute Israel, niederließen und ein Kabbala-Zentrum bildeten.

Sicher wurde der Chassidismus von der Kabbala inspiriert. Der amerikanische Schriftsteller Herman Wouk schreibt in seinem Buch »Er ist mein Gott«: »Das kabbalistische Raunen von jenseitigen Welten, in denen die Engel schwebten, von Wundern, die sie durch alte geheime Beschwörungen vollbrachten, hatte für die zum Pariatum verurteilten Gefangenen der schmutzigen Ghettos eine unheimliche Anziehungskraft.«

Der Chassidismus jedoch war eine reine Volksbewegung. Äußerer Anlaß zu seiner Entstehung waren die in Wolhynien, in der Ukraine, stattfindenden furchtbaren Metzeleien der Kosakenbanden des Bogdan Chmielnizki beim Kosakenaufstand 1648–1656. Dabei wurden die Juden in der Ukraine fast restlos vernichtet. Schulen, Bildungszentren, Synagogen, alles lag in Trümmern.

In dieser Lage konnten die Überlebenden, verängstigt und haltlos, nicht mehr viel mit trockenen Debatten und scharfsinnigen Formalitäten der Talmudschulen anfangen. Sie brauchten seelische Hilfe, Güte und Wärme. In dieser Situation entstand die schwärmerisch-gläubige Bewegung der Chassidim – eine Religion der Seele und des Gefühls.

Obwohl der Chassidismus von seinen Gegnern unter den Juden, den Mitnagdim (= Gegner) oder Maskilim (= Aufklärer), wie sie sich nannten, und die es hauptsächlich im Norden, in Litauen, gab, bekämpft wurde, breitete er sich aus. Den Aufklärern gelang es nie richtig, an die große Masse heranzukommen. Sie konnten mit ihren Idealen dem Volk nichts geben. Mit der Zeit entartete der Chassidismus in Aberglauben. Es gab zu viele »Wunderrabbis«, die keine starken geistigen Persönlichkeiten mehr waren.

»Die ersten der chassidischen Rabbis waren Männer von absoluter Lauterkeit gewesen. Sie hatten die Massen vor der Verzweiflung gerettet und sie einem reinen, freudigen Gottesglauben zugeführt« (Landmann).

Auch Herman Wouk schreibt sehr anschaulich: »Die wirkliche Kraft des Chassidismus lag in der Tatsache, daß im ganzen osteuropäischen Ghetto Männer entstanden, die der Rolle des Wunderrebben gewachsen waren. Ihre Aussprüche verdichteten sich zu einem köstlichen frischen und weisen Volksgut, dessen halb diesseitiger, halb jenseitiger Charakter den Reiz der Neuheit hatte. Die Taten der Rebbes waren noch zu ihren Lebzeiten von der Legende umwoben – es waren die reinsten jüdischen Heiligengeschichten. Ihre Namen verschmolzen mit ihren Herkunftsorten wie bei Fürsten, man sprach vom Lubawitscher, Lubliner, Berditschewer Rebben. Sie begründeten ganze Dynastien, und meistens folgten ihnen die Söhne und Schwiegersöhne im religiösen Amt.« (Letzteres wird von anderen wieder als der Beginn von Niedergang und Verfall angesehen.)

Wir werden in Kommentaren über jiddische Liedermacher im 18. und 19. Jahrhundert noch auf dieses Thema zurückkommen.

Hai Frankl

Lieder aus Liebe zum Jiddischen

Ein jüdisches Orchester führt ein Hochzeitsgefolge an
(Sowjetunion nach 1920).

Schpil-she mir a Lidele in Jiddisch

Der Text stammt von I. Kotliar und basiert auf einer älteren Fassung, die
während der deutschen Besetzung in vielen Ghettos gesungen wurde.
Melodie: anonym.

Schpil - she mir a Li - de - le in Jid - disch, _____ Der -
we - kn sol ess Frejd un nischt kejn Chi - desch _____ As
a - le Men - schn, grojss un kle - ejn, so - ln es far -
schtejn, ___ Fun Mojl zu Mojl doss Li - de - le sol
gejn. Schpil, schpil, Kle - es - me - erl, schpil,
Wejsst doch woss ich mejn un woss ich wil.
Schpil, schpil, a Li - de - le far mir, schpil a
Ni - gn - dl mit Harz un mit Ge - fil!

Schpil-she mir a Lidele in Jiddisch,
Derwekn sol ess Frejd un nischt kajn Chidesch –
As ale Menschn grojss un klejn, soln ess farschtejn,
Fun Mojl zu Mojl doss Lidele sol gejn.
  Schpil, schpil, Klesmerl, schpil,
    Wejsst doch woss ich mejn un woss ich wil.
  Schpil, schpil, a Lidele far mir –
  Schpil a Nigndl mit Harz un mit Gefil!

A Lidele on Sifzn un on Trern,
Schpil asoj, as ale soln hern,
As ale soln sen, ich leb un singen ken,
Schener noch un besser wi gewen.
  Schpil . . .

Schpil-she mir a Lidl wegn Scholem,
Sol schojn sajn Scholem un nischt kejn Cholem,
As ale Felker grojss un klejn, soln take sich farschtejn,
On Krign un on Milchomess sich bagejn.
  Schpil . . .

Lomir singen 'ss Lidele zusamen,
Wi gute Frajnd, wi Kinder fun ejn Mamen.
Majn ejnziger Farlang, 'ss sol klingen fraj un frank,
Un alemenss Gesang ojch majn Gesang.
  Schpil . . .

Spiel mir ein kleines Lied auf Jiddisch

Spiel mir ein kleines Lied auf Jiddisch,
Das Freude bringen soll und keine bösen Überraschungen,
Das alle Menschen, groß wie klein, verstehen,
Von Mund zu Mund soll es gehen.
  Spiel, spiel, Musikant,
    Du weißt schon, was ich meine und was ich will!
  Spiel, spiel mir ein Lied,
  Spiel eine Melodie, die Herz hat und Gefühl.

Ein Lied ohne Seufzer und Tränen.
Spiel so, daß alle es hören können,
Daß alle sehen: ich lebe und kann noch singen!
Schöner noch und besser als zuvor.
  Spiel . . .

Spiel mir das Lied vom Frieden –
Von wirklichem Frieden und nicht nur von einem Traum.
Daß alle Völker groß und klein
Sich miteinander verstehen sollen,
Ohne Krieg und Streit miteinander umgehen.
    Spiel...

Laßt uns das Lied zusammen singen,
Wie gute Freunde, wie Kinder von einer Mutter.
Es ist mein einziges Verlangen, daß es frei und frank herausklingt,
Mein eigener und aller Menschen Gesang!
    Spiel...

Doss jidische Wort

Text: M. Wassermann
Musik: Sch. Beresowski

Far - schtumt nischt doss ji - di - sche Lo - schn, far - ar -
schemt nit doss ji - di - sche Wort in
fla - mi - ke Her - zer - fun Doj - ress ge -
tro - gn fun Ort zu Ort in
fla - mi - ke Her - zer - fun Doj - ress ge -
tro - gn fun Ort zu Ort. ojf
der - ner We - gen ge - gan - gen un -
schten - dik ge - schpant nor for - ojss ge -
zer - tlt doss ji - di - sche Lo - schn wi a

38 | Cm | Fm | G | G7

Kind ojf der Ma - mess Schojss ge-

42 | C | C7 | Fm

zer - tlt doss ji - di - sche Lo - schn wi a

46 | Cm | G7 | Cm

Kind ojf der Ma - mess Schojs. Ge-

49 | Cm | Fm | Cm | Gm | D7

lo-fn fun'ss Reyfess Po-gro-men nit far - ge - ssn nor op - ge-

52 | G | C7 | Fm

hit dem ji - di-schn Oj - zer-fun Doj-ress, doss

55 | Cm | Fm | G | G7 | C7

Wort un doss ji - di-sche Lid dem ji - di-schn Oj - zer-fun

58 | Fm | Cm | G7 | Cm | Bb7

Doj - ress, doss- Wort un doss ji - di-sche Lid. Ojch

61 | Eb | Abm | Eb | Gm | D7

waj-ter mir we - ln op - hi - tn di Je - ru - sche men hot uns far-

64 | G | C7 | Fm

trojt, un hi - tn dem Oj - zer-fun Doj-ress wi

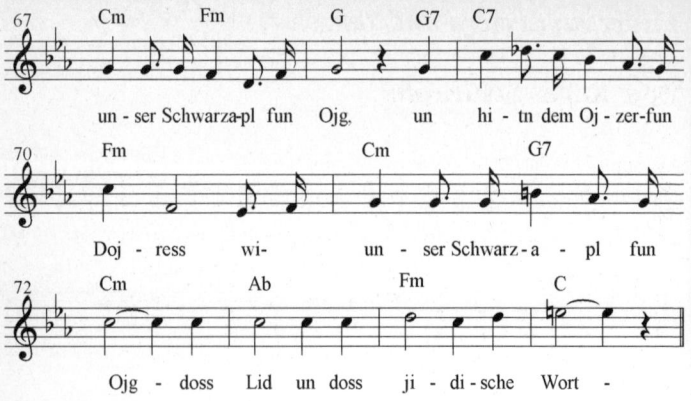

un - ser Schwarza-pl fun Ojg, un hi - tn dem Oj - zer-fun
Doj - ress wi- un - ser Schwarz-a - pl fun
Ojg - doss Lid un doss ji - di - sche Wort -

Farschtumt nit doss jidische Loschn,
Farschemt nit doss jidische Wort.
In flamike Herzer fun Dojress,
Getrogn fun Ort zu Ort.

Ojf derner Wegn gegangen –
Un schtendik geschpant nor forojss,
Gezertlt dos jidische Loschn
Wi a Kind ojf der Mamess Schojss.

Gelofn fun 'ss Rejfess, Pogromen,
Nit fargessn, nor opgehit
Dem jidischn Ojzer fun Dojress
Doss Wort un doss jidische Lid.

Ojch wajter mir weln ophitn
Di Jerusche men hot uns fartrojt,
Un hitn dem Ojzer fun Dojress
Wi unser Schwarzapl fun Ojg,
Doss Lid un doss jidische Wort!

Das jiddische Wort

Laßt nicht die jiddische Mutterspra-
   che verstummen,
Verachtet nicht das jiddische Wort,
Getragen in flammenden Herzen
   durch Generationen,
Getragen von Ort zu Ort.

Auf weiten Wegen immer nach vorne
   schauend
Hat man Jiddisch behütet wie ein
   Kind
Auf der Mutter Schoß.

Geflohen durch Feuersbrände und
   Pogrome,
Nie vergessen, immer bewahrt,
Den jiddischen Schatz von Generatio-
   nen:
Das Wort und das jiddische Lied!

Auch weiterhin werden wir behüten
Das Kleinod, das man uns anvertraut
   hat,
Und pflegen das Erbe von Generatio-
   nen
Wie einen Augapfel,
Das Lied und das jiddische Wort!

Lieder zum Feiern und Tanzen

Dem Rebns Schirajim

(trad.)

Der Re-be hat ojss ge-tejlt. Schira-jim, ojss-ge-tejlt. Schira-jim
un der-zu a Ni-gn a Na-jem oj, oj. oj!
o-ber di Dajtschn najn, sej ke-nen kajn Chassidim nit sajn, wajl a
Hejb un a sung un a Tanz un a Schprung un a
Koj-sse a groj-sse un a Knak mit in Zung zi
ke-nen sej frej-lech sajn? zi ke-nen sej frej-lech sajn?

Der Rebe hot ojssgetejlt Schirajim
Un derzu a Nign, a najem, oj, oj, oj!

– Ober di Dajtschn, najn –
Sej kenen kajn Chassidim nit sajn,
Wajl a - - - Hejb un a Sung,
      un a Tanz, un a Schprung,
      un a Kojsse, a grojsse,
      un a Knak mitn Zung –
Zi kenen sej frejlech sajn?

31

Der Rebe hot ojsgetejlt a Kossje
Un derzu gor a grojsse, oj, oj, oj!

To lomir dem Rebn m'schemesch sajn
un trinkn in ejnem a Glesele Wajn, oj, oj, oj!

Un lekowed dem Rebn, Reb Herschl
trinkt Chassidim nor fun Fleschl, oj, oj, oj!

Die Lieder des Rabbi

Der Rabbi hat Lieder verteilt
und dazu einen neuen Nigun*, oj, oj, oj.

*Aber die Deutschen**, nein –*
sie können nicht Chassidim sein, weil:

Refrain: Ein Hüpfen und ein Singen,
ein Tanzen und ein Springen
und eine große Becherrunde
und ein Schnalzen mit der Zunge
ob die fröhlich sein können?

Der Rabbi hat eine Runde ausgegeben,
und dazu noch eine ziemlich große, oj, oj, oj.

Also laßt uns den Rabbi erfreuen
und zusammen ein Gläschen Wein trinken, oj, oj, oj.

Gesegnet sei der Rabbi Herschl,
trinkt Chassidim nur aus dem Fläschchen, oj, oj, oj.

---

* Nigun= hebr. (Plur. nigunim) Lieder ohne Worte.
** Gemeint sind hier die deutschen Juden.

Amol is gewen

Amol is gewen, amol is gewen,
A klej Jidele, a klej Jidele,
Hot er gehat, hot er gehat,
A klej Fidele, a klej Fidele.
Schrej, schrej, schrej, schrej, schrej, schrej
Macht doss Fidele,
Schrej, schrej, schrej, schrej, schrej, schrej,
Macht doss Fidele.
Schrej, schrej, schrej macht doss Fidele,
Schrej, schrej, schrej macht doss Fidele.

Amol is gewen . . .
A klej Dudele, a klej Dudele.
Du, du, du macht doss Dudele,
Schrej, schrej, schrej macht doss Fidele,
Du, du, du macht doss Dudele.

33

Amol is gewen ...
A klej Fejfele, a klej Fejfele.
Fa, fa, fa macht doss Fejfele,
Du, du, du macht doss Dudele,
Schrej, schrej, schrej macht doss Fidele,
Fa, fa, fa macht doss Fejfele.

Amol is gewen ...
A klej Pojkele, a klej Pojkele.
Bum, bum, bum macht doss Pojkele,
Fa, fa, fa macht doss Fejfele,
Du, du, du macht doss Dudele,
Schrej, schrej, schrej macht doss Fidele,
Bum, bum, bum macht doss Pojkele.

Amol is gewen ...
A Trompejtkele, a Trompejtkele.
Ta, ta, ta macht doss Trompejtkele,
Bum, bum, bum macht doss Pojkele,
Fa, fa, fa macht doss Fejfele,
Du, du, du macht doss Dudele,
Schrej, schrej, schrej macht doss Fidele,
Ta, ta, ta macht doss Trompejtkele.

Es war einmal

Es war einmal, es war einmal,
Ein kleiner Jude, ein kleiner Jude.
Er hat gehabt, er hat gehabt,
Eine kleine Fiedel, eine kleine Fiedel.
Schrei, schrei, schrei, schrei, schrei, schrei,
Macht die Fiedel.
Schrei, schrei, schrei, schrei, schrei, schrei,
Macht die Fiedel.
Schrei, schrei, schrei macht die Fiedel.
Schrei, schrei, schrei macht die Fiedel.

Es war einmal ...
Einen kleinen Dudelsack, einen kleinen Dudelsack.
Du, du, du macht der Dudelsack,
Schrei, schrei, schrei macht die Fiedel,
Du, du, du macht der Dudelsack.

Es war einmal . . .
Eine kleine Flöte, eine kleine Flöte.
Fa, fa, fa macht die Flöte,
Du, du, du macht der Dudelsack,
Schrei, schrei, schrei macht die Fiedel,
Fa, fa, fa macht die Flöte.

Es war einmal . . .
Eine kleine Pauke, eine kleine Pauke.
Bum, bum, bum macht die Pauke,
Fa, fa, fa macht die Flöte,
Du, du du macht der Dudelsack,
Schrei, schrei, schrei macht die Fiedel,
Bum, bum, bum macht die Pauke.

Es war einmal . . .
Eine kleine Trompete, eine kleine Trompete.
Ta, ta, ta macht die Trompete.
Bum, bum, bum macht die Pauke,
Fa, fa, fa macht die Flöte,
Du, du, du macht der Dudelsack,
Schrei, schrei, schrei macht die Fiedel,
Ta, ta, ta macht die Trompete.

Di Mesinke ojssgegebn

Eine Hochzeit in den kleinen Dörfern im Osten war immer ein großes Fest für jedermann. Nicht nur Verwandte, sondern das ganze Dorf nahm daran teil. Auch die Armen wurden bewirtet: Für sie wurde ein besonders reichlich gedeckter Tisch hergerichtet, wie es die Tradition verlangte.
Das Lied drückt die Freude eines Mannes aus, der viele Töchter hatte. Nun hat auch die Jüngste und Letzte einen Bräutigam gefunden.
Er ist zwar traurig, sie zu verlieren, aber die Freude überwiegt, sie nicht mehr versorgen zu müssen: ein Hinweis auf die soziale Situation der damaligen Zeit.

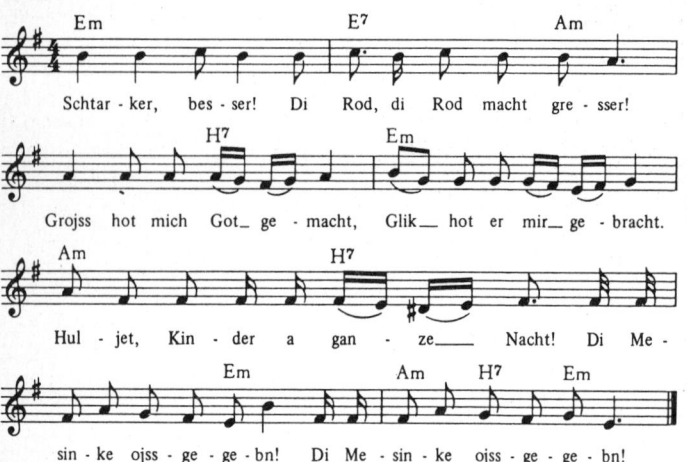

Schtarker! Besser!
Di Rod, di Rod macht gresser!
Grojss hot mich Got gemacht,
Glik hot er mir gebracht.
Huljet, Kinder a ganze Nacht!
   Di Mesinke ojssgegebn!
   Di Mesinke ojssgegebn!

Motl! Schimen!
Do orime Lajt senen gekimen,
Schtelt sej dem schenssten Tisch,
Tajere Wajnen, tajere Fisch,
Oj wej, Tochter, gib mir a Kisch!
   Di Mesinke . . .

Ajsik! Masik!
Di Bobe gejt a Kosik.
Kajn ajn-ore, set nor set,
Wi si tupet, wi si gejt,
Oj, a Ssimche, oj a Frejd!
   Di Mesinke . . .

Stärker, besser!
Macht den Kreis noch größer!
Groß hat mich Gott gemacht,
Glück hat er mir gebracht,
Kinder laßt uns tanzen die ganze Nacht!
   Die Jüngste ist verheiratet!
   Die Jüngste ist verheiratet!

Motel, Simon!
Die Armen sind schon da!
Gebt ihnen den besten Tisch,
Teure Weine, teuren Fisch.
Oh weh, Tochter, gib mir einen Kuß!
   Die Jüngste . . .

Aisik! Masik!
Die Großmutter tanzt den Kasatschok!
Oh, seht doch, seht,
Wie sie stampft, wie sie geht.
Oh, wie lustig, welche Freud!
   Die Jüngste . . .

Du Mejdele, du schejnss

Du Mej - de - le, du schejnss, du Mej - de - le, du fajnss. Ich wel dir ep - pes fre - e - gn, a Rä - te - nisch, a klejnss: Woss is hä - cher fa - ar a - a Hojs, un woss i - is flin - ker fa - ar a - a Mojs? Na - a - ri - scher Bo - cher, na - a - ri - scher Trop! Du ho - osst nit kejn Sse - ej chl— i - in da - ajn Kop! Der Rojch is hä - cher fa - ar a - a Hojs, a Kaz i - is flin - ker fa - ar a - a Mojs.

Du Mejdele, du schejnss,
Du Mejdele, du fajnss,
Ich wel dir epes fregn, a Rätenisch, a klejnss:
Woss is hächer far a Hojs, un woss is flinker far a Mojs?

Narischer Bocher, narischer Trop!
Du hosst nit kejn Ssejchl in dajn Kop!
Der Rojch is hächer far a Hojs,
A Kaz is flinker far a Mojs.

Du Mejdele ...
Woss is tifer far a Qual, un woss is biterer far a Gal?

Narischer Bocher ...
Die Tojre is tifer far a Qual,
Der Tojd is biterer far a Gal.

Du Mejdele ...
Woss far a Schtub is on a Tisch, un woss far a Wasser is on a Fisch?

Narischer Bocher ...
Die Bodschtub is on an Tisch,
Die Mikwewasser* is on a Fisch.

Du Mejdele ...
Woss far a Wasser is on a Sand, und woss far a Melech is on a Land?

Narischer Bocher ...
Doss Wasser fun Ojg is on a Sand,
Der Melech fun Kortn is on a Land.

Du Mejdele ...
Woss far a Milner is on a Mil, und woss far a Lefl is on a Schtil?

Narischer Bocher ...
An opgebrenter Milner is on a Mil,
An opgebrochner Lefl is on a Schtil!

Du Mädel, du schönes

Du Mädel, du schönes,
Du Mädel, du feines,
Ich will dich etwas fragen, ein Rätsel, ein kleines:
Was ist höher als ein Haus, was ist flinker als eine Maus?

Du närrischer Kerl, du närrischer Tropf!
Du hast keinen Verstand in deinem Kopf!
Der Rauch ist höher als das Haus,
Die Katze ist flinker als die Maus.

Du Mädel ...
Was ist tiefer als ein Quell, was ist bitterer als die Galle?

* Das Mikwewasser ist das Wasser des rituellen Quellbades.

39

Du närrischer Kerl...
Die Thora ist tiefer als ein Quell,
Der Tod ist bitterer als die Galle.

Du Mädel...
Was für eine Stube ist ohne Tisch, was für ein Wasser ist ohne Fisch?

Du närrischer Kerl...
Die Badestube ist ohne Tisch,
Das Mikwewasser ist ohne einen Fisch.

Du Mädel...
Was für ein Wasser ist ohne Sand, was für ein König ist ohne Land?

Du närrischer Kerl...
Das Wasser im Auge ist ohne Sand,
Der König im Kartenspiel ist ohne Land.

Du Mädel...
Was für ein Müller ist ohne Mühle, was für ein Löffel ist ohne Stiel?

Du närrischer Kerl...
Ein abgebrannter Müller ist ohne Mühle,
Ein abgebrochener Löffel ist ohne Stiel!

Lomir ale singen

Lomir ale singen,
Lomir ale singen
A Semerl, a Semerl,
Lechem, le'echol, Bossor we Dogim,
We'chol Mat'amim.
Sog-she mir, Tatenju, woss is Lechem?
Baj di grojsse Gwirim is Lechem a Bulke,
Un baj uns, arme Kabzonim, is Lechem a dare Skorinke;
Doss is Lechem!

Lomir ...
Sog-she mir, Tatenju, woss is Bossor?
Baj di grojsse Gwirim is Bossor an Indik,
Un baj uns, arme Kabzonim, is Bossor a dare Kischke;
Doss is Bossor!

Lomir ...
Sog-she mir, Tatenju, woss is Dogim?
Baj di grojsse Gwirim is Dogim a Hecht,
Un baj uns, arme Kabzonim, is Dogim a gewjonselter Hering;
Doss is Dogim!

Lomir ...
Sog-she mir, Tatenju, woss is Mat'amim?
Baj di grojsse Gwirim is Mat'amim Kompot,
Un baj uns, arme Kabzonim, is Mat'amim gehackte Zoress;
Doss is Mat'amim!

Laßt uns alle singen

Laßt uns alle singen,
Laßt uns alle singen
Ein Lied, ein Lied
Vom Brot, vom Essen, von Fleisch und Fisch
Und anderen Leckerbissen.

Sag mir, Vater, was ist eigentlich Brot?
Bei den Großen, bei den Reichen ist Brot eine weiße Semmel,
Aber bei uns armen Bettlern ist Brot eine trockene Rinde.
Das ist Brot!

Laßt uns ...
Sag mir, Vater, was ist eigentlich Fleisch?
Bei den Großen, bei den Reichen ist Fleisch eine Pute,
Aber bei uns armen Bettlern ist Fleisch eingetrocknete Kaldaunen.
Das ist Fleisch!

Laßt uns ...
Sag mir, Vater, was ist eigentlich Fisch?
Bei den Großen, bei den Reichen ist Fisch ein Hecht,
Aber bei uns armen Bettlern ist Fisch gedörrter Hering.
Das ist Fisch!

Laßt uns ...
Sag mir, Vater, was sind Leckerbissen?
Bei den Großen, bei den Reichen sind Leckerbissen süßes Kompott,
Aber bei uns armen Bettlern sind Leckerbissen bittere Leiden.
Das sind Leckerbissen!

Scha, schtil

Scha, schtil, macht nit kejn Ge - ri - der, der
Reb - be gejt schojn ta - nzn wi - der, scha, schtil,
macht nit kejn Ge - walt, der Reb - be gejt schojn ta - n - zn bald. Un
as der Reb - be tanzt, tan - zn mit di Went,___
lo - mir a - a - le - e pless - ken mit di Hent.___

Scha, schtil, macht nit kejn Gerider
Der Rebbe gejt schojn tanzn wider;
Scha, schtil, macht kejn Gewalt,
Der Rebbe gejt schojn tanzn bald.
Un as der Rebbe tanzt,
Tanzn mit di Went
Lomir ale plessken
Mit di Hent.

Scha, schtil . . .
Un as der Rebbe tanzt,
Tanzt doch mit der Tisch,
Lomir ale Chassidemlech
Klapn mit di Fiss.

Scha, schtil . . .
Un as der Rebbe tanzt,
Zitert men in Himl,
Lomir ale Chassidemlech
Nit machn kejn Timl.

43

Scha, schtil . . .
Un as der Rebbe sogt
Far dem Ojlom Tojre.
Hern ale Chassidemlech
Mit grojss Mojre.

Scha, schtil . . .
Un as der Rebbe singt,
Dem hejligen Nign,
Blajbt der Ssotn
A Tojter lign.

Schsch, still

Schsch, still! Macht keine Unruhe,
Der Rabbi hat schon wieder vor zu tanzen;
Schsch, still! Macht keinen Lärm,
Der Rabbi geht bald tanzen.
Und wenn der Rabbi tanzt,
Tanzen mit ihm die Wände,
Laßt uns alle
Klatschen in die Hände.

Schsch, still! . . .
Und wenn der Rabbi tanzt,
Tanzt mit der Tisch,
Laßt uns alle, Chassidim,
Stampfen mit den Füßen.

Schsch, still! . . .
Und wenn der Rabbi tanzt,
Zittert man im Himmel,
Laßt uns alle, Chassidim,
Kein Getümmel machen.

Schsch, still! . . .
Und wenn der Rabbi predigt
Vor der Gemeinde die Lehre,
Hören alle Chassidim
Mit großer Ehrfurcht zu.

Schsch, still! . . .
Und wenn der Rabbi singt,
Den heiligen Gesang,
Bleibt der Satan
Als Toter liegen.

Tanzende Chassidim.
Zeichnung von Topsy Frankl.

A Chasn ojf Schabess

Es gab bei den Ostjuden bis in die Neuzeit eine alte Sitte: Wenn ein Fami-
lienfest, vor allem eine Hochzeit, stattfand, wurde ein Berufsspaßmacher,
so eine Art Gaukler, engagiert. Man nannte ihn Badchen (Badchán =
Spaßmacher), zuweilen auch Marschalik.

In dem frommen und streng moralischen Ghettomilieu konnten diese
Sänger keine derben und zweideutigen Witze und Lieder zum besten geben. Auch von der Liebe konnten sie nicht viel singen, da die Brautleute
sich vor der Hochzeit oft kaum gekannt hatten. Und der Badchen mußte
bedenken, daß viele der Hochzeitsgäste religiös hochgebildet waren.

Er sang also der Braut traurig-lustige Lieder von kommendem Kummer
und Leid in der Ehe vor. Für die Männer gab es dann ironisch-lustige oder
philosophische Lieder über die jüdische Leidensgeschichte.

Die Badchonim dichteten und improvisierten frei heraus und vergaßen
ihre Lieder wieder. Nur einer, Eliakum der Badchen, gab seine Lieder
heraus, und daher weiß man etwas über deren Inhalt.

Wenn auch »A Chasn ojf Schabess« nicht so philosophisch ist, könnte es
vielleicht von einem Badchen stammen: Es verspotten drei ungebildete
»Experten« aus dem Handwerkerstand einen Kantor (= Chasn).

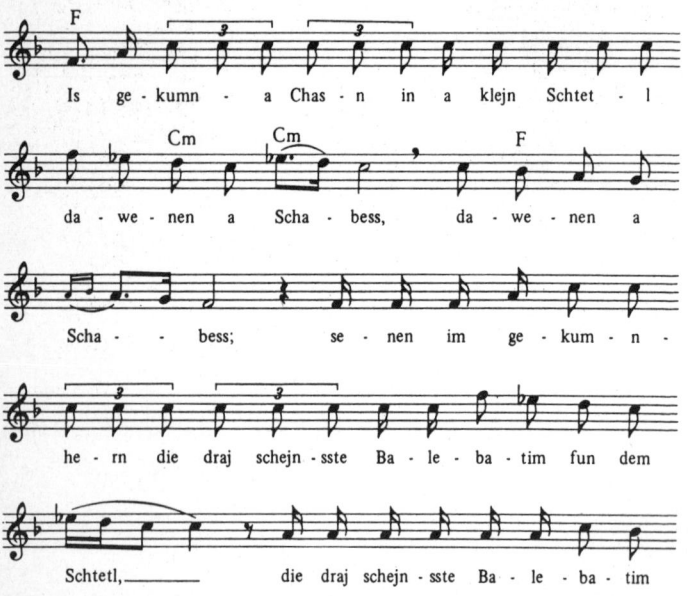

fun dem Schtetl;___ ej - ner, a Schnaj - derl,

der an - der - er a Ko - wal - tschik - l, un

der drit - er a Ba - la - gol - tschik - l.

Ruft sich op - et doss Schnaj - derl, ruft sich

op - et doss Schnaj - derl: oj, oj, oj,___

hot er___ ge - da - went, hot er___ ge - da - went!

A - soj, wi men git___ mi - tn No - dl a Schtoch,

un mi - tn Aj - sn a Press,___ oj, is doss a Cha - sn!

Oj, oj, oj, oj, oj, oj, oj, oj hot er___ ge - da - went!

Is gekumn a Chasn in a klejn Schtetl
Dawenen a Schabess,
Dawenen a Schabess;
Senen im gekumn hern di draj schejnsste Balebatim
Fun dem Schtetl,
Di draj schejnsste Balebatim fun dem Schtetl;
Ejner, a Schnajderl, der anderer a Kowaltschikl,
Un der driter a Balagoltschikl.
Ruft sich opet doss Schnajderl,
Ruft sich opet doss Schnajderl:
»Oj, oj, oj, hot er gedawent, hot er gedawent!
Asoj, wi men git mitn Nodl a Schtoch,
Un mitn Ajsn a Press –
Oj, is doss a Chasn!
Oj, oj, oj, oj, oj, oj, oj, oj, hot er gedawent!«

Is gekumn . . .
Ruft sich opet doss Kowaltschikl:
»Oj, oj, oj, hot er gedawent, hot er gedawent!
Asoj, wi men git mitn Hamer a Sez,
Un mit di Kleschtsches a Quetsch,
Oj, is doss a Chasn! . . .

Is gekumn . . .
Ruft sich opet doss Balagoltschikl:
»Oj, oj, oj, hot er gedawent, hot er gedawent!
Asoj, wi men git mit di Lajzes a Zi,
Un mitn Bajtschl a Chwaschtsch, wi-jjohh!
Oj, is doss a Chasn! . . .

Ein Kantor am Sabbat

Ein Kantor kam in ein kleines Städtchen,
Um am Sabbat vorzubeten,
Um am Sabbat vorzubeten.
Da kamen, um ihn zu hören, die drei schönsten Bürger
Des Städtchens,
Die drei Bürger des Städtchens:
Der eine ein Schneider, der andre ein Schmied
Und der dritte ein Fuhrmann.
Da rief der Schneider aus,
Da rief der Schneider aus:
»Och, och, och, hat der gebetet, hat der gebetet!
So wie man macht mit der Nadel einen Stich

Und mit dem Bügeleisen einen Strich!
Och, ist das ein Kantor!
Och, och, och, och, och, och, och, och, hat der gebetet!«

Ein Kantor . . .
Da rief der Schmied aus:
»Och, och, och, hat der gebetet, hat der gebetet!
So wie man macht mit dem Hammer einen Schlag
Und mit der Zange einen Kniff!
Och, ist das ein Kantor! . . .

Ein Kantor . . .
Da rief der Fuhrmann aus:
»Och, och, och, hat der gebetet, hat der gebetet!
So wie man die Zügel anzieht
Und mit der Peitsche einen Schlag gibt, hü!
Och, ist das ein Kantor! . . .

Jüdische Wandermusikanten

Chasskele

Hier kommt eine arme, uneingeladene Tante zu einer Hochzeit. Sie bittet die Musikanten, ihre Lieblingstänze und Melodien zu spielen. Sie ist arm, aber stolz und schlagfertig. Sie bringt ihr Drei-Kopeken-Stück, als kleinen Beitrag für das Kramlädchen des Musikanten, der natürlich allein vom Aufspielen bei Hochzeiten niemals leben könnte.

Chasskele, Chasskele, schpil mir a Kasazkele,
Chotsch an Orime, abi a Chwazke!
  Orim is nit gut, Orim is nit gut!
  Lomir sich nit schemen mit ejgene Blut.

Chasskele, Chasskele, schpil mir a Dume,
Un chotsch an Orime, abi a Frume!
  Orim is nit . . .

Nit kejn Gebetene, alejn gekumen,
Chotsch an Orime, fort a Mume.
  Orim is nit . . .

Chasskele, Chasskele, schpil-she mir a Semerle,
Far a Drajerl ojf Chasskel's Kremele.
  Orime ist nit . . .

Chasske

Chasske, Chasske, spiel mir einen Kasatschok!
Bin ich auch arm, hab' ich doch Geist und Witz.
    Arm sein ist nicht gut, arm sein ist nicht gut!
    Aber man kann sich doch nicht seines eigenen Fleisches
    und Blutes schämen!

Chasske, Chasske, spiel mir eine »Duma«!
Zwar bin ich arm, doch bin ich fromm.
    Arm sein ...

Uneingeladen kam ich und von allein,
Obwohl ich arm bin, bin ich doch die Tante!
    Arm sein ...

Chasske, Chasske, spiel mir eine Melodie!
Und nimm mein Drei-Kopeken-Stück an für Chasskes Kramlädchen!
    Arm sein ...

Di Bajke

»Di Bajke« ist eins der Lieder, das uns Ida und Ljuba Farberoff, Kopenhagen, mündlich überlieferten. Das Schwesternpaar stammt aus einer russisch-jüdischen Familie, ist aber in Kopenhagen aufgewachsen. Als die dänischen Juden während der deutschen Besetzung Dänemarks in Gefahr kamen, retteten sich viele von ihnen nach Schweden mit Hilfe von dänischen und schwedischen Fischern. Verteilt auf kleine Fischerkähne, fuhr man sie einfach über den Sund. – Darunter waren auch Ida und Ljuba, die wir dann hier in Schweden kennenlernten. Sie brachten uns außer der »Baike« auch den »Rebbe Elimelech«, »Rosinkess mit Mandlen«, »Schalosch Ss'udes« und viele andere Lieder bei.

Wir saßen ja alle hier wie in einer Mausefalle, deutsche Truppen besetzten nach und nach alle Länder ringsum. Jeder Tag konnte der letzte sein. Daher feierten wir hektisch, tranken nächtelang Wein, zusammen mit schwedischen Freunden und Flüchtlingen aus vielen Ländern. Jiddische und andere Lieder klangen durch die Nacht.

Ida und Ljuba sangen nach dem Krieg in Dänemark auch in Theatern und kleinen Kabaretts jiddische Lieder, betrachteten sich aber eher als »Träger der Tradition«, denn als professionelle Artisten.

Ihr Vortrag hatte in Ausdruck und Klang der Stimmen jenes unverkennbare Jiddische, das auf alle, die sie hörten, einen unvergeßlichen Eindruck machte.

(Text und Musik: trad.)

Der Tate is geforn kejn Balte,
Der Tate is geforn kejn Balte.
Hot er mir mitgebracht a Bajke,
Hot er mir mitgebracht a Bajke.
  La, la, la …

Un wer wet nejen mir di Bajke,
Un wer wet nejen mir di Bajke.
Reijsl di Modisste Mame-dajke,
Si wet nejen mir di Bajke.
  La, la, la …

Un wen wesstu onton di Bajke?
Un wen wesstu onton di Bajke?
Schabess nochn Kugl, Mame-dajke
Wel ich onton di Bajke.
  La, la, la …

Zu wemen wesstu gejen mit der Bajke?
Zu wemen wesstu gejen mit der Bajke?
Zu dem Feter Jossl, Mame-dajke,
Zu im wel ich gejen mit der Bajke.
  La, la, la …

Mit wemen wesstu sizn in der Bajke?
Mit wemen wesstu sizn in der Bajke?
Mit sajn schejnem Bocher, Mame-dajke,
Mit im wel ich sizn in der Bajke.
  La, la, la …

Un woss wet sajn der Ssof fun der Bajke?
Un woss wet sajn der Ssof fun der Bajke?
As er wet mich nemen, Mame-dajke –
Ot doss wet sajn der Ssof fun der Bajke!
  La, la, la …

53

Vater ist nach Balte (ins Baltikum) gefahren
Und hat mir von dort
Den Stoff für ein Kleid mitgebracht.

Und wer wird dir das Kleid nähen?
Rössl, die Modistin, liebe Mama,
Sie wird es mir nähen.

Und wann wirst du das Kleid anziehen?
Am Sabbat-Abend nach dem Sabbatskuchen,
Liebe Mama, will ich es anziehen.

Und zu wem wirst du gehen in dem Kleid?
Zu dem Vetter Jossel, liebe Mama,
Zu ihm will ich gehen in dem Kleid.

Mit wem wirst du sitzen in dem Kleid?
Mit seinem hübschen Sohn, liebe Mama,
Mit ihm will ich sitzen in dem Kleid.

Und was ist nun der Sinn mit dem Kleid?
Oh, er wird mich nehmen, liebe Mama,
Das wird sein der Sinn mit dem Kleid!

Iber doss Glesele

I - ber doss Gle - se - le Bron - fn so - gn mir:

„Bo -ruch!" Bron- fn darf men trin - kn 'ss schejt in Schul - chn

o - ruch. La - la - la - la - la - la - la - la - la -

la la la, La - la - la - la - la - la - la - la - la - laaa.

Iber doss Glesele Bronfn sogn mir: »Boruch!«*
Bronfn darf men trinkn, 'ss schtejt in Schulchn-oruch.
 La, la, la . . .

Iber doss Glesele Bronfn sogn mir: »Ato!«
Bronfn hot getrunkn majn ejgener Tato.
 La, la, la . . .

Iber doss Glesele Bronfn sogn mir: »Adenoj!«
Bronfn darf men trinkn aber nit wi kejn Goj.
 La, la, la . . .

Iber doss Glesele Bronfn sogn mir: »Elohejnu!«
Bronfn hobn getrunken unser Owess Awossejnu.
 La, la, la . . .

Iber doss Glesele Bronfn sogn mir: »Melech!«
Bronfn hot getrunken unser Kejser Awimelech.
 La, la, la . . .

* Die hebräischen Worte in Anführungszeichen ergeben, aneinandergesetzt, den Speisesegen,
allerdings etwas verkürzt: Das Verbum »nihje« (= entstand, geschaffen wurde) vor »Bidwaro«
fehlt in dem Liedtext.

Iber doss Glesele Bronfn sogn mir: »Ho' ojlem!«
Bronfn darf men trinkn, derzu nit sajn kejn Gojlem.
La, la, la . . .

Iber doss Glesele Bronfn sogn mir: »Schehakel!«
Bronfn darf men trinkn, farbajssn »lascher lakeil«.
La, la, la . . .

Iber doss Glesele Bronfn sogn mir: »Bidwaro!«
Bronfn darf men trinkn, sol nit schadn kejn Ajnore.
La, la, la . . .

Iber doss Glesele Bronfn sogn mir: »Majim!«
Zu di chossn-kale rufn mir »Lechajim!«
La, la, la . . .

Heben wir ein Gläschen

Heben wir ein Gläschen Schnaps und sagen: »Der Gesegnete!«
Schnaps darf man trinken, es steht in der Vorschrift.
La, la, la . . .

Heben wir ein Gläschen Schnaps und sagen: DU!«
Schnaps hat schon getrunken mein eigener Vater.
La, la, la . . .

Heben wir ein Gläschen Schnaps und sagen: »Gott, der Herr!«
Schnaps darf man trinken, aber nicht wie ein Goj (Nichtjude).
La, la, la . . .

Heben wir ein Gläschen Schnaps und sagen: »Unser Gott!«
Schnaps tranken schon unsere Vorväter.
La, la, la . . .

Heben wir ein Gläschen Schnaps und sagen: »König!«
Schnaps hat schon getrunken unser Kaiser Abimelech.
La, la, la . . .

Heben wir ein Gläschen Schnaps und sagen: »Der Welt!«
Schnaps darf man trinken, aber nicht wie ein Lehmklotz.
La, la, la . . .

Heben wir ein Gläschen Schnaps und sagen: »Welcher alles . . .«
Schnaps darf man trinken und in allem sich was zugute kommen lassen.
La, la, la . . .

Heben wir ein Gläschen Schnaps und sagen: »Durch sein Wort!«
Schnaps soll man trinken, damit uns der böse Blick nicht schade.
La, la, la . . .

Heben wir ein Gläschen Schnaps und sagen: »Wasser!«
Zu der Braut und dem Bräutigam sagen wir »Zum Wohl!«
La, la, la . . .

Der Becher

Ta - je - re Mal - ke ge - sunt sols - tu sajn
fil mir on dem Be - e - cher dem Be - cher mit Wajn
jam bam bam bam bam jam - bam - bam
jam bam-bam bam bam bam bam jam - ba - ba - bam bam bam
jam bam bam bam bam jam bam bam,
jam bam - ba - bam bam bam bam bam. (Fun - em)

Tajere Malke, gesunt solstu sajn,
Fil mir on dem Becher,
Dem Becher mit Wajn
    Refr.: Jam, bam …

Funem dosikn Becher woss glansst asoj schejn,
Hot getrunken majn Sejde,
Majn Sejde alejn

Oj tajere Malke, gesunt solstu sajn,
Far wemen sol ich trinken
Dem dosikn Wajn?

Lomir trinken a Lechajim far dem pintele Jid
Woss mutschet sich un mutschet sich
Un wet gor nit mid.

Lomir trinkn far di Ssonim nor sog sej nit ojss
Se, wi ess gissn Trern
Fun' Becher arojss

Lomir trinkn un trinkn un take on an Ek
Far di woss sejnen gegangen
Ojf eijbig awek.

Der Becher

Teure Malke, sei gesund,
Fülle mir den Becher
Den Becher mit Wein.
   Refr.: Jam, bam …

Aus diesem Becher, der so schön glänzt,
Hat schon mein Großvater getrunken,
Nur er allein.

Oh, teure Malke, sei gesund,
Auf wen soll ich anstoßen
Mit diesem Wein?

Laßt uns ein »Zum Wohl« trinken,
Für den armen Wicht, den Juden,
Der sich plagt und schuftet
Und dabei nie ermüdet.

Laßt uns auch anstoßen auf die Feinde,
Nur sagt's nicht laut!
Seht, wie der Becher Tränen vergießt …

Laßt uns trinken und trinken und zum Schluß
Für die auf ewig dahin Gegangenen!

---→

Manès Sperber schrieb über die Legende der »36 Gerechten«:
»Als ich noch ein Kind war, lehrten uns die Rabbiner, wenn es die 36 Rechtferti-
gen nicht gäbe, könnte die Welt nicht einen Tag bestehen, sondern würde im Bösen ertrinken. Die Sechsunddreißig haben keinen speziellen Rang oder Amt. Man
erkennt sie nicht, sie sprechen nicht über ihr Geheimnis, wahrscheinlich weil sie
es selber nicht wissen und doch sind sie es, die jeder neuen Generation ihre Selbst-
berechtigung geben und jeden Tag die Welt von neuem retten.«

Lieder aus der religiösen Tradition

In der hebräischen Schriftsprache gibt es keine Ziffern, sondern jeder Buchstabe im Alphabet bezeichnet gleichzeitig eine Zahl. So steht L (lamed) für 30 und W (waw) für 6. Von rechts nach links geschrieben bedeuten sie also 36. Aber diese Zahl hat eine tiefere Bedeutung: »sechsunddreißiger« ist nach Salcia Landmann einer der sechsunddreißig Gerechten (zadikim), welche – einem Volksglauben nach – unerkannt und meist in Gestalt einfacher Leute aus dem Volk unter den Menschen leben. Um ihrer Verdienste willen geht die Welt, trotz ihrer Sündhaftigkeit, nicht unter. Dieser Volksglaube findet sich schon im Talmud (Sukka 45,b).

Nigun

Ein Nigun ist eine Melodie ohne Worte. Die meisten chassidischen Melodien hatten ursprünglich keine Texte. Man sang auf klangvolle Silben wie bam-bam, jam-jam, daj-daj, ojoj, aj usw.

Laut Rabbi Schneur Salman aus Ladi und dem unermüdlichen Chassidenforscher J. L. Perez war die Melodie allein »das reine Fließen der Seele zu Gott«. Worte waren dabei ein Hindernis. Wenn aber Worte verwendet wurden, so waren es Texte aus Talmud und Tora auf hebräisch oder jiddisch samt Semiross (Lieder zur Feier des Sabbats). Das Volk liebte diese Melodien, und so sind später sicher auch Volksliedtexte dazu entstanden. Als Tanzmelodien waren diese Nigunim (pl. von Nigun) selbstverständlich, schon die Chassiden tanzten danach. Zu einigen konnte auch der später bei zionistischen – und also zum Teil auch unreligiösen – Juden beliebte Tanz »Horra« getanzt werden, der ursprünglich ein Volkstanz auf dem Balkan war. Die Tanzbewegungen sollen auch bei einer sehr lebhaften Horra so diszipliniert sein, daß der Gesang nichts von seiner ursprünglichen Ruhe und Ausgeglichenheit verliert.

Da die Nigunim zuallererst spontane Improvisationen waren, gab es auch keinerlei Arrangements. Daher lassen wir auch bewußt die Akkorde weg.

bam - bam
Jam - bam...

Lekowed dem hejlikn Schabess

Re-be-nju, Re-be-nju! Wo-oss i - is? Re-be-nju, Re-be-nju!

Wo - oss i - is? Ss is nit - o kejn Chal - les oif

Schabess. 'ss'et sajn! Le ko-wed Shabess bim, le - ko-wed Shabess bam, le

ko - wed dem hej - li - kn Scha-bess! Le ko - wed Scha-bess bim, le

ko - wed Scha-bess bam, le - ko - wed dem hej - li - kn Scha-bess!

(chass. trad.)

Rebenju, Rebenju! – Woss is?
– 'Ss is nito kejn Challes ojf Schabess!
– 'Ss 'et sajn!

Lekowed Schabess bim,
Lekowed Schabess bam,
Lekowed dem hejlikn Schabess!

Rebenju, Rebenju! – Woss is?
– 'Ss is nito kejn Fisch ojf Schabess!
– 'Ss 'et sajn!

Rebenju, Rebenju! – Woss is?
– 'Ss is nito kejn Flejsch ojf Schabess!
– 'Ss 'et sajn!

Gesegnet sei der heilige Sabbat!

Rabbi, mein lieber Rabbi! – Nun, was ist denn?
– Es gibt kein Brot zum Sabbat!
            (Ach, es wird's schon geben!)

Refr.: Oh, gesegnet sei der Sabbat!
    Segnet den heiligen Sabbat!

Rabbi, mein lieber Rabbi! – Nun, was ist denn?
– Es gibt keinen Fisch zum Sabbat!
            (Ach, es wird's schon geben!)

Rabbi, mein lieber Rabbi! – Nun, was ist denn?
– Es gibt kein Fleisch zum Sabbat!
            (Ach, es wird's schon geben!)

Refoul (Raphael) Young's »Shomer Shabbes Bakery« (am Sabbat garantiert ge-
schlossen), Brooklyn NYC 1950.
Vor Beginn des Sabbats mußte der Bäcker die »Challas«, das geflochtene Sab-
batsbrot, fertighaben.

(Mit freundlicher Genehmigung von Izzy Young,
Folklorezentrum Stockholm)

Schalosch Ss'udess

Asskinu sseudosso fun di Maacholim zu Schalosch Ss'udess*,
Essn mir be-Chadwosso un mit derech erez farn Rebns Midess.
   Aj, di-ri-dom ...

* Schalosch Ss'udess ist das dritte und letzte Sabbatmahl vor Sabbatausgang am Spätnachmittag. – Das Lied ist nur verständlich, wenn man die chassidische Sitte kennt, nach der die Anhänger des Wunderrabbi die von ihm absichtlich für diesen Zweck übriggelassenen Speisereste von seinem Teller aufessen. Ähnlich verteilte auch Jesus beim letzten Abendmahl sein Brot an die Jünger.

Nenter zum Zadik, zum Rebn, Reb' Klojnimus, mit di hejlige Schirajim,
Essn nor zu bisslach un nit fargessn dem Schamesch Reb' Chajim,
Aj, di-ri-dom...

'Ss is schojn ojfn Tisch, Pipikl, Megele, Gorgl un Patschaj,
'Ss hot sibezig Tajmim, der Rebbe balekt sich,
Aj, di-ri-dom...

Das dritte Sabbatmahl

Wir haben angerichtet die Mahlzeit der wohlschmeckenden Gerichte beim »dritten Sabbatmahl«,
Laßt uns in Freude speisen und mit Ehrfurcht vor den guten Taten des Rebben.
Aj, di-ri-dom...

Nähern wir uns dem ehrwürdigen Reb' Kloinimus mit seinen heiligen Speiseresten,
Laßt uns ein wenig davon essen und nicht den Diener, Reb' Chaim, vergessen.
Aj, di-ri-dom...

Schon stehen auf dem Tisch kleine Gerichte: Magen, Hals, Eingeweide, Hühner-kleinsuppe
Mit siebzig Geschmäckern, der Rebbe leckt sich den Mund.
Aj, di-ri-dom...

Sabbat-Klopfer

65

Hop, majne Homentaschn

Purim (das Estherfest) ist der Tag, an dem die Juden sich an die babylonische Gefangenschaft erinnern und die Befreiung von ihrem Unterdrük-
ker, dem bösen Minister Haman feiern. Haman, Statthalter des Perserkö-
nigs Ahasverus (Xerxes), plante die Ausrottung der Juden, weil sich Mordechai, einer ihrer Anführer, nicht vor ihm beugen wollte. König Ahasverus war aber mit der Jüdin Esther, der Nichte Mordechais, verheiratet,
die sich für ihr Volk einsetzte und so das Unheil verhindern konnte.
Das Purimfest ist ein fröhliches und ausgelassenes Volksfest, das sich oft
zu einer Art jüdischem Karneval entwickelt hat. Laut Talmud darf man an
diesem Tag soviel trinken, bis man nicht mehr weiß, was der Unterschied
ist zwischen: »Gesegnet sei Mordechai« und »Verflucht sei Haman«. Die
Kinder führen Maskeraden auf, die auf eine alte Tradition zurückgehen:
Herumziehende Gaukler und Schauspieler führten früher in den Städtchen Polens und Rußlands mit großem Erfolg ein Purimstück auf.
Mit dem Fest sind vier religiöse Pflichten verbunden: Man muß die Me-
gilla anhören (Verlesung des Buches Esther), wobei die Kinder Gelegen-
heit haben, jedes Mal einen unheimlichen Lärm mit ihren Purimrasseln zu
machen, wenn der Name Haman genannt wird. Den Armen soll man
Wohltaten erweisen. Eine Festmahlzeit muß abgehalten werden. Unter
Freunden und Nachbarn werden Gebäck und Getränke ausgetauscht.
Daher dieses Scherzlied von den mißglückten »Homentaschn« – ein mit
Pflaumen oder Mohn gefülltes Gebäck, das in seiner Form an den Hut erinnern soll, den der böse Haman trug.
Aus dem Lied geht hervor, daß die armen Hausfrauen bei der Vorberei-
tung des Festes immer in große Aufregung gerieten. Das Gebäck mußte ja
von hervorragender Qualität sein, um für »Schlachmones« (Gaben) zu
taugen. Denn wer will schlechter dastehen als die Nachbarn? Das wäre ja
peinlich!

Jach - ne Dwo - she fort in Schtot, si halt sich in ejn Pa - kn,

Fort ojf Pu - rim koj - fn Mel, Ho -mn - ta - schn ba - kn.

Hop, maj - ne Ho - mn - ta - schn, Hop, maj - ne Waj - sse.

Hop, mit maj - ne Ho - mn - ta - schn, Hot pas - sirt a Majs - se!

Jachne Dwoshe fort in Schtot,
Si halt sich in ejn Pakn,
Fort ojf Purim kojfn Mel,
Homentaschn bakn.
  Hop, majne Homentaschn,
  Hop, majne Wajsse!
  Hop, mit majne Homentaschn
  Hot passirt a Majsse!

'Ss gejt a Regn, ss'falt a Schnej,
'Ss kapet fun di Decher,
Jachne firt schojn di Kornmel,
In a Sak mit Lecher.
  Hop, majne Homentaschn ...

Nit kajn Puter, nit kajn Mon,
Ojch fargessn Hejwn.
Jachne macht schojn Homentaschn,
'Ss bakt sich schojn in Ojwn.
  Hop, majne Homentaschn ...

Jachne trogt schojn Schalechmoness
Zu der Bobe Jente,
Zwej, drai schvarze Homentaschen,
Halb roj, halb farbrente.
  Hop, majne Homentaschn ...

67

Jachne-Dvoshe fährt zur Stadt
Sich ein Paket zu holen.
Sie fährt für Purim Mehl zu kaufen
Um Homentaschen zu backen.
  Hoppla, meine Homentaschen,
  Hoppla, meine Weißen,
  Hoppla, mit meinen Homentaschen
  Ist ein Mißgeschick passiert.

Regnen tut's, und es fällt der Schnee,
Es tropft von den Dächern,
Jachne führt jetzt Kornmehl mit sich
In 'nem Sack mit Löchern.
  Hoppla, meine Homentaschen . . .

Keine Butter und kein Mohn,
Auch die Hefe hat sie vergessen,
So macht Jachne Homentaschen
Und bäckt sie schon im Ofen.
  Hoppla, meine Homentaschen . . .

Jachne überbringt hübsche Purimgeschenke
Zu der Oma Jente
Zwei, drei schwarze Homentaschen,
Halb roh, halb verbrannte . . .
  Hoppla, meine Homentaschen . . .

Chad-gadjo

Die *Seder-Abende* sind der zeremonielle Teil des jüdischen Pessachfestes, das zeitlich etwa mit dem christlichen Osterfest zusammenfällt. Es soll an den Auszug der Kinder Israels aus Ägypten erinnern und an die Befreiung aus der ägyptischen Sklaverei. Es wurde auch zum Symbol für die erhoffte Erlösung aus dem Exil und die Herbeiführung der messianischen Zeit. Die Seder-Abende sind weihevolle Familienfeste, zu denen man auch Gäste einlädt. Man setzt sich zusammen an den großen gedeckten Tisch. Durch symbolische Handlungen sollen die anwesenden Kinder zum Fragen angeregt werden. Man ißt Mazza, ungesäuerte Brotfladen – »das Brot des Elends« –, das an den hastigen Aufbruch aus Ägypten erinnern soll. Auf einem Teller liegen Bitterkräuter, die an die Bitterkeit und die Leiden während der ägyptischen Sklaverei mahnen. Auf anderen Tellern liegt eine Mischung aus Nüssen, geriebenen Äpfeln, Feigen und Wein – die lehmgraue Farbe der Mischung soll an die Lehmziegel erinnern, welche die Juden bei ihrem Frondienst unter den Ägyptern herstellen mußten. Ein Lammknochen liegt auf einem Holzteller, gekochte Eier, Petersilie und Kräuter werden in ein Gefäß mit Salzwasser (Tränen) getunkt und gegessen.

Illustration aus der Pessach-Haggada, Triest 1864.

Der Herr des Hauses macht alles vor und rezitiert dabei die entsprechenden liturgischen Texte aus der *haggada* (Bericht) auf hebräisch. Auch vor jedem Gast liegt ein Haggada-Büchlein. Oft enthält es neben dem hebräischen Text eine Übersetzung in die jeweilige Landessprache, so daß Gäste, die nicht hebräisch können, folgen können. Alle diese kleinen Vorgerichte schmecken trotz der »Bitterkeit« vorzüglich, aber man soll nicht zuviel davon essen, es kommt ja noch die eigentliche Mahlzeit! – An diesem Abend wird also viel über den Auszug aus Ägypten vorgelesen und gesungen. Nicht zu vergessen die vier Becher Wein, die während der Mahlzeit getrunken werden und bei dem Ritual nicht fehlen dürfen. Ein Glas Wein steht für sich allein da: Falls ein Fremder oder Bettler anklopfen sollte. Es könnte ja der Prophet Elias sein!

Die Haggada-Büchlein wurden oft von Künstlern verziert und mit Illustrationen, Kupferstichen und Holzschnitten versehen. Viele alte Haggada-Ausgaben haben heute einen hohen Wert. Manche davon befinden sich als Kostbarkeiten in den Museen vieler Länder. Auch wurden viele Seder-Schüsseln und Seder-Becher mit Darstellungen aus der Bibel verziert, immer im Stil der Zeit, in der die Künstler gerade lebten. Besonders berühmt ist die »Sarajewo-Haggada« aus dem 14. Jahrhundert mit ihren zauberhaften Miniaturen. Sie wird im Nationalmuseum in Sarajewo aufbewahrt.

Vater kaufte ein Zicklein.
Zeichnung von Gösta Kriland.

Ganz am Schluß in der Haggada steht das Lied vom Zicklein: »Chad-gad-ja«, in osteuropäischer Aussprache: »Chad-gadjo«. Es ist das Lied von einem Zicklein, das am Ende des Seder-Abends gesungen wird (Seder = Ordnung). Unser jiddisches Lied ist also nur ein Hinweis auf folgendes aramäisch-hebräisches Lied: »D'sabin abo biss'rej susej – chad-gadjo, chad-gadjo«: »Vater kaufte ein Zicklein für zwei Groschen (sus), ein Zicklein, ein Zicklein. Da kam die Katze und aß das Zicklein, das der Vater kaufte für zwei Groschen, da kam der Hund und biß die Katze, die das Zicklein aß, das der Vater kaufte für zwei Groschen . . .« Am Schluß heißt es dann: »Da kam Gott der Herr, gelobt sei er, und schlug den Todesengel, der den Schlächter schlug, der den Ochsen geschlachtet hat, der das Wasser trank, das das Feuer löschte, das den Stab verbrannte, der den Hund schlug, der die Katze biß, die das Zicklein aß, das der Vater kaufte für zwei Groschen.«

Es ist also ein typisches Volkslied. Ähnliche Lieder findet man oft auch bei anderen Völkern, z.B. in Skandinavien: »Die Katz' auf die Maus, die

71

Maus auf das Seil . . .«, in Deutschland das Lied »Da schickt der Herr den Jockel aus«.

Auch dieses einfache alte Lied hat man natürlich versucht, symbolisch zu deuten: Die Katze, die das Geißlein überfällt, wäre, so meinte man, Assyrien, das erste Reich, das ins Land Israel einfiel, der Hund soll dann Babylonien sein, der Stab Persien usw. Bis zuletzt Gott der Herr den letzten Eroberer schlägt und sein Volk wieder zurück in das alte Land führen wird.

Lomir singen dort un dort

Lustig

Lo mir sin - gen dort un dort, Moj - sche, nem dem Fi - del,

sing doss al - te Chad - gad - jo, sing doss al - te Li - dl.

Chotsch doss Li - de - le is alt, wet ess we - rn jin - ger bald

Chad - gad - jo, Chad - gad - jo, Chad - gad - jo,

Ji - del, Ji - del, Ji - de - le, schpilt - she mir doss Li - de - le

Chad - gad - jo, Chad - gad - jo, Chad - gad - jo.

Lomir singen dort un dort,
Mojsche, nem dem Fidel,
Sing doss alte Chad-gadjo,
Sing doss alte Lidl.
Chotsch doss Lidele is alt,
Wet ess wern jinger bald.
Chad-gadjo, Chad-gadjo,
Chad-gadjo,
Jidel, Jidel, Jidele,
Schpilt-she mir doss Lidele
Chad-gadjo, Chad-gadjo,
Chad-gadjo.

Laßt uns singen

Laßt uns singen da und dort,
Moses, nimm die Fiedel,
Sing das alte Chad-gadjo
Sing das alte Liedel.
Das Lied ist zwar alt,
Aber bald wird es jünger.
Chad-gadjo, Chad-gadjo
Chad-gadjo,
Jidel, Jidel, Jidele*,
Spiel mir das kleine Liedele.
Chad-gadjo, Chad-gadjo,
Chad-gadjo.

* Jidele = »kleiner Jude«

Sog, Maran

Text: Awrom Rejsen
Musik: Schmuel Bugatch

Das jüdische Pesachfest fällt ungefähr in die christliche Osterzeit. Man feiert den ersten von zwei Sederabenden (Seder = Ordnung) mit einer Festmahlzeit, wobei man vom Auszug aus Ägypten liest, wie es in dem Buch Hagada (= Erzählung) steht. Maran (= Schwein) war eine spöttische Bezeichnung für die christlich getauften Juden. Matze = ungesäuertes Brot. Viele der unter Ferdinand und Isabella (1492) in Spanien zwangsgetauften Juden übten dennoch ihre jüdische Religion heimlich aus. Sie konnten auch das Pesachfest nur unter Lebensgefahr feiern.

Sog, Maran, du Bru-der maj-ner, wo is grejt der Ssej-der daj-ner?
in ti-fer Hejl, in a Chej-der dort hob ich ge - grejt majn Ssejder.
Sog, Maran, mir wu, baj we-men wess-tu waj-sse Ma-zes ne-men?
In der Hejl, af Gots Baro-tn, hot majn Wajb dem Tejg geknotn. kno-tn.
wel ich schtar - bn mit Ge - sang - en.

Sog, Maran, du Bruder majner,
Wu is grejt der Ssejder dajner?
– In tifer Hejl, in a Chejder
Dort hob ich gegrejt majn Ssejder.

Sog, Maran, mir, wu, baj wemen
Wesstu wajsse Mazes nemen?
– In der Hejl, af Gots Barotn,
Hot majn Wajb dem Tejg geknotn.

Sog, Maran, wi wesst sich klign,
A Hagode wu zu krign?
– In der Hejl, in tife Schpaltn
Hob ich si schojn lang bahaltn.

Sog, Maran, wi wesst sich wern,
Wen mer wet dajn Kol derhern?
– Wen der Ssojne wet mich fangen
Wel ich schtarbn mit Gesangen.

Sag mir, Maran

Sag mir, Maran, du mein Bruder,
Wo feierst du dein Seder?
– In einer tiefen Höhle ist der heilige Ort,
Dort hab' ich mein Seder zubereitet.

Sag mir, Maran, woher wirst du
Weißes Matzebrot hernehmen?
– In der Höhle mit Gottes Segen
Hat mein Weib den Teig geknetet.

Sag mir, Maran, wie wirst du es anstellen,
Eine Hagada zu kriegen?
– In der Höhle, in tiefen Spalten,
Hab' ich sie schon lang versteckt.

Sag mir, Maran, was wird geschehen,
Wenn jemand deine Stimme beim Gebet hört?
– Wenn der Feind mich einfängt,
Sterbe ich mit einem Gesang auf den Lippen.

Der Rebbe hot gehejssn

Das im Lied genannte Ssimchass-Tojre (in der in Israel üblichen Ausspra-che »Ssimchát-Torá«) bedeutet Gesetzesfreude und ist der letzte Tag vom Sukkotfest (= Laubhüttenfest). Dieses, eine Art Erntedankfest, wird im Oktober gefeiert und dauert eine volle Woche. Der historische Hinter-grund ist das Bibelwort: »In Hütten sollt ihr wohnen sieben Tage. Damit erkennen eure Geschlechter, daß ich in Hütten wohnen ließ die Kinder Is-raels, als ich sie führte aus dem Lande Ägypten« (Lev. 23:42–44).
Die Sukka, Laubhütte, wird während dieser Woche als provisorischer Bau in Höfen, Gärten oder auf Balkons errichtet. Dort werden alle Mahlzeiten eingenommen.
Mit dem letzten Tag, der Ssimchass-Tojre, ist die Lesung der Schrift, die sich über das ganze Jahr erstreckt, beendet, wird aber zugleich neu be-gonnen. Feierliche Prozessionen in der Synagoge mit den Torarollen fin-den statt. Auch die Kinder nehmen daran teil mit Fähnchen und erhalten Süßigkeiten. Eine fröhliche Stimmung herrscht vor.

Allegretto

Der Reb - be hot ge - hej - ssn luss - tik sajn la - la - - - - - la la, trin - kn Bron - fn un fil Wajn, la - la - - - - - - Ssim - chass Toj - re is ja hajnt, la la - - - - - la la, fir uns Ji - dn he - le Frajd, la la - - - - - la la.

Der Rebbe hot gehejssn lusstik sajn,
La, la, la . . .
Trinkn Bronfn un fil Wajn,
La, la, la . . .
Ssimchass-Tojre is ja hajnt,
La, la, la . . .
Fir uns Jidn hele Frajd,
La, la, la . . .

Der Rabbi hat uns geheißen

Der Rabbi hat uns geheißen lustig zu sein,
La, la, la . . .
Branntwein sollen wir trinken und viel Wein,
La, la, la . . .
Ssimchát-Torá ist ja heute,
La, la, la . . .
Für uns Juden helle Freude,
La, la, la . . .

Eine jüdische
Familie feiert
das Laubhütten-
fest. Nach einem
Gemälde von
Moritz Daniel
Oppenheim.

Oj, Chanuke

Das jüdische »Chanuka« wird oft irrtümlicherweise als eine Art Weihnachten der Juden angesehen – es fällt ja in den Dezember. Das Lichteranzünden und die Geschenke für die Kinder könnten auch daran erinnern.

Tatsächlich aber hat es nichts mit dem christlichen Weihnachtsfest zu tun, sondern es erinnert an den erfolgreichen Aufstand der Juden gegen die seleuzidischen Griechen, den Makkabäerkrieg.

Nach dem Zusammenbruch des Weltreiches Alexander des Großen saßen weiterhin griechische Könige auf dem syrischen Thron, und es war der tyrannische Antiochus Epiphanes, der den Juden ihre Religion verbot und ihnen den griechischen Glauben aufzwingen wollte. Es kam sogar soweit, daß der Tempel in Jerusalem entweiht wurde, was die Juden tief verletzte. Nach dreijährigen Kämpfen gelang es dann dem aufständischen Anführer Juda Makkabi mit seinem kleinen jüdischen Heer, die übermächtigen Truppen des Antiochus Epiphanes zu schlagen. Im Jahr 165 v. Chr. konnte der Tempel nach achttägiger Reinigungszeremonie wieder eingeweiht werden. Chanuka bedeutet also Einweihung.

Chanuka-Leuchter, Israel-Museum, Jerusalem.

Die Legende erzählt, daß die Makkabäer im wiedereroberten Tempel nur noch ein Fläschchen Öl mit dem unversehrten Siegel des Hohen Priesters fanden, das einzig und allein für den goldenen Leuchter benutzt werden durfte. Das darin befindliche Öl hätte aber nicht länger als für einen Tag gereicht. Neues, rituell reines Öl zu beschaffen, so wußte man, würde acht Tage dauern. Trotzdem zündete man den Tempelleuchter an. Ein Wunder geschah: Das Öl brannte acht Tage.

Beim Chanukafest wird heute der achtarmige Leuchter, Chanuka-Menora genannt, ins Fenster gestellt: Mit Hilfe der einen etwas höher angebrachten Kerze, »Schammes« (Diener) genannt, zündet man am ersten Abend eine der sieben weiteren Kerzen an, am zweiten zwei usw., bis dann am letzten Abend alle acht Kerzen brennen. Am ersten Abend erhalten die Kinder Geschenke, Gebäck, Süßigkeiten, und es gibt Kartoffelpuffer (Latkes). Man spielt »Dreidl«, eine Art Kreiselspiel, bei dem man Süßigkeiten gewinnen oder verlieren kann. Der Vater singt und erzählt von den Makkabäern.

79

Oj, Chanuke, oj Chanuke, a Jomtow, a schejner,
A lustiger, a frejlicher, nito noch a sejner.
Ale nacht in Drejdlach schpiln mir,
sidig hejsse Latkes esst on aschir.
Geschwinder zint Kinder di dininke Lichtelach on,
Sogt »al hanissim«, lojbt Got far di Nissim,
Un kumt gicher tanzen in Kon.

Jehudo hat fartriben den Ssone, den Rozeach,
Un hat in Bejss-hamikdosch gesungen »Lamnazeach«.
Di Schtat Jeruscholajim hat wider ojfgelebt,
Un zu a nejem Leben hat jederer geschtrebt.
Dariber dem Gibur Jehudo-Makabi lojbt hojch!
Sol jeder besunder besingen dem Wunder,
Un liben dem Volk solt ihr ojch.

Oh, Chanuka

Oh, Chanuka, oh, Chanuka, du schönes Fest,
Ein lustigeres, ein fröhlicheres,
Ein schöneres gibt es nicht.
Jeden Abend »Trendl«* spielen wir,
Brutzelnd heiße »Latkes«** auf dem Teller essen wir.
Geschwinde, Kinder, zündet die heiligen Lichterlein an,
Sagt alle: »Ein Wunder ist geschehn!«
Lobt Gott für das Wunder und kommt
Schnell tanzen im Kreis.

Jehuda hat vertrieben den Feind, den Mörder,
Und hat im Tempel gesungen das heilige Gebet.
Die Stadt Jerusalem hat wieder aufgelebt,
Nach einem neuen Leben hat jeder gestrebt.
Darum lobt hoch, den Helden Jehuda Makabi.
Und jeder soll von dem Wunder singen,
Und lieben euer Volk sollt ihr auch.

*Trendl (Drejdlach): spezielles Kreiselspiel für Kinder
**Latkes: Kartoffelpuffer

Ojfn Pripetschik

Mark Warschawsky (1848–1907), Verfasser und Komponist dieses Liedes und auch von »Dem Milners Trern«, lebte in Kiew, Rußland, und war
eigentlich Rechtsanwalt. So wie Gebirtig in Polen, improvisierte auch er
zunächst Melodien und Lieder, ohne sie niederzuschreiben. Erst als er mit
dem jiddischen Dichter Scholem Aleichem zusammentraf und sie sich an-
freundeten, forderte dieser ihn ausdrücklich auf, seine Lieder festzuhal-
ten. Warschawsky war schon 50 Jahre alt, als seine erste Sammlung her-
auskam. Er und Scholem Alejchem unternahmen zusammen längere
Tourneen und hatten in vielen größeren Städten Lieder- und Dichter-
abende.
Warschawskys »Ojfn Pripetschik« gehört noch heute zu den beliebtesten
Liedern in allen jiddischen Sprachgebieten.

81

Ojfn Pripetschik brent a Fajerl,
Un in Schtub is hejss,
Un der Rebbe lernt klejne Kinderlech
Dem Alefbejss!
Un der Rebbe lernt klejne Kinderlech
Dem Alefbejess!
    Sogt-she Kinderlech, gedenkt-she tajere,
    Woss ir lernt do!
    Sogt-she noch amol un take noch amol
    Komez Alef-O!
    Sogt-she noch amol un take noch amol
    Komez Alef-O!

Lernt, Kinder, mit grojss Chejscheck,
Wi ich sog ajch on.
Wer ess wet gicher fun ajch kenen Iwre,
Der bakumt a Fon!
    Sogt-she Kinderlech . . .

Lernt, Kinder, hot nit Mojre,
Jeder Onhejb is schwer,
Gliklech is, der woss hot gelernt Tojre,
Zi darf der Mentsch noch mer?
    Sogt-she Kinderlech . . .

Ir wet, Kinder, elter wern,
Wet ir alejn farschtejn,
Wifil in di Ojssiess lign Trern,
Un wifil Gewejn!
    Sogt-she Kinderlech . . .

As ir wet, Kinder, dem Goluss schlepn,
Ojssgemutschet sajn,
Solt ir fun di Ojssiess Trejst schepn,
Kukt in sej arajn!
    Sogt-she Kinderlech . . .

In dem Ofen

In dem Ofen brennt ein Feuer,
In der Stube ist es heiß,
Und der Rabbi lehrt die kleinen Kinder
Das Alphabet.
    Achtet es, Kinderchen, haltet es teuer,
    Was ihr hier lernt!
    Sagt doch noch einmal und dann noch einmal
    Das Abc!

Lernt, Kinder, mit großem Fleiß,
Was ich euch sage.
Wer von euch am schnellsten lesen lernt,
Der bekommt ein Fähnchen!
    Achtet es, Kinderchen, . . .

Lernt, Kinder, habt keine Angst,
Jeder Anfang ist schwer;
Glücklich ist, wer die Thora gelernt hat;
Was braucht der Mensch noch mehr?
    Achtet es, Kinderchen, . . .

Ihr werdet älter werden, Kinder,
Dann werdet ihr von allein verstehen,
Wieviel Tränen in den Buchstaben liegen,
Wieviel Weinen!
    Achtet es, Kinderchen, . . .

Wenn ihr, Kinder, einmal das Los der Verbannung schleppen werdet,
Geplagt sein werdet,
Dann sollt ihr an diesen Buchstaben Trost schöpfen,
Schaut in sie hinein!
    Achtet es, Kinderchen, . . .

Efnt Rebetsn, Chassidim gejen

E - fnt re - be - tsn, Ch'ssidim ge - e - jen! Ch'ssidim gej - en,
we - ln sich fre - e - jen! Ch'ssidim gej - en in Pan - te - fl, sej
we - ln doch gan-we-nen di sil - ber - ne Le - fl... Ch'ssidim gej - en
in Pan - te - fl, sej we - ln doch gan-we-nen di sil - ber - ne Le - fl...
Re - be - tsn, Re - be - tsn hot kejn Moj - re, Ch'ssidim ge - ej - en
ler - nen To - oj - re. Re - be - tsn, Re - be - tsn hot kejn woj - re,
Ch'ssi - dim ge - ej - en ler - nen To - oj - re!

Efnt Rebetsn, Chassidim gejen,
Chassidim gejen, weln sich frejen.
– Chassidim gejn in Pantefl –
Sej weln doch ganvenen di silberne Lefl ...

– Rebetsn, Rebetsn,
Ho kejn mojre,
Chassidim gejen
Lernen Tojre!

Öffnet uns, Frau Rabbi!

– Öffnet die Tür, Frau Rabbi!
Hier kommen Chassidim,
Die sich freuen wollen!

– Hier kommt ihr Chassidim
Angeschlürft in Pantoffeln ...
Ihr wollt doch nur
Meine silbernen Löffel stehlen ...

– Frau Rabbi, Frau Rabbi, nur keine Angst,
Wir Chassidim kommen doch nur,
um die Tora zu studieren!

Sol ich wern a Row

»Row« war die Bezeichnung für den Stadtrabbiner, der auch profane Aufgaben zu erfüllen hatte (Verwaltungsaufgaben aller Art, Führen der Geburts- und Sterberegister etc.). Den mit rein religiösen Aufgaben betreuten Rabbiner nannte man »Rebbe« (= Rabbi). Auch der chassidische Wunderrabbi wurde als »Rebbe« angeredet. Zu Row, Rebbe etc. siehe Glossar.

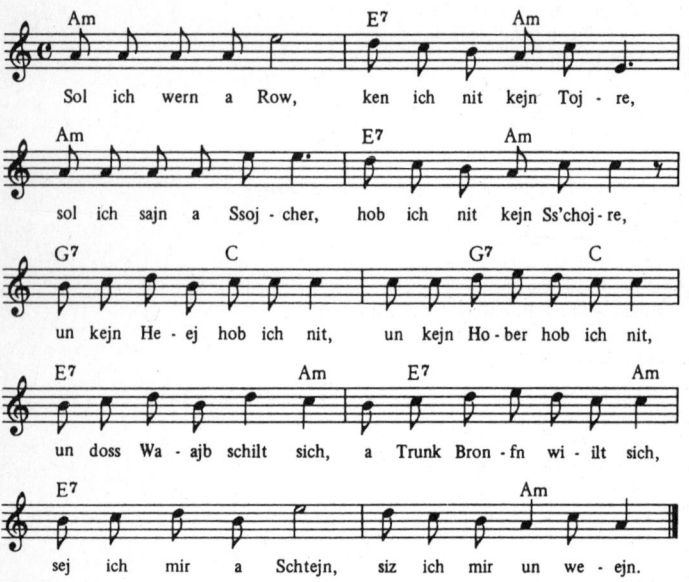

Sol ich wern a Row, ken ich nit kejn Tojre,
Sol ich sajn a Ssojcher, hob ich nit kejn Ss'chojre.
Un kejn Hej hob ich nit,
Un kejn Hober hob ich nit,
Un doss Wajb schilt sich.
  A Trunk Bronfn wilt sich,
  Sej ich mir a Schtejn,
  Siz ich mir un wejn.

Wil ich sajn a Schojchet*, hob ich nit kejn Chalef,
Wil ich sajn a Melamed, ken ich nit kejn Alef.
Un di Ferd gejn nit,
Un di Reder drejn nit,
Un doss Wajb schilt sich.
    A Trunk Bronfn . . .

Sol ich wern a Kowal, hob ich nit kejn Kowadle,
Sol ich sajn a Schenker, is majn Wajb a Padle.
Un kejn Hej hob ich nit,
Un kejn Hober kojf ich nit,
Un doss Wajb schilt sich.
    A Trunk Bronfn . . .

Soll ich ein Rabbiner werden

Soll ich ein Rabbiner werden, habe ich kein Wissen,
Soll ich ein Kaufmann werden, habe ich keine Ware.
Und auch Heu habe ich nicht,
Und auch Hafer habe ich nicht,
Und das Weib flucht.
    Einen Schluck Branntwein will ich haben,
    Sehe ich einen Stein,
    Setze ich mich drauf und weine.

Will ich ein Schächter* werden, habe ich kein scharfes Messer,
Will ich ein Schullehrer werden, kenne ich das Abc nicht.
Und die Pferde gehen nicht,
Und die Räder drehn sich nicht,
Und das Weib flucht.
    Einen Schluck Branntwein . . .

Soll ich ein Schmied werden, habe ich keinen Amboß,
Soll ich ein Gastwirt werden, wird mein Weib zum Teufel.
Und Heu habe ich nicht,
Und Hafer kann ich nicht kaufen,
Und das Weib flucht.
    Einen Schluck Branntwein . . .

* Schojchet = Schächter, der die Tiere nach jüdischem Koscher-Ritual schlachtet. Man verwendet dabei ein besonders scharfes Messer, genannt Chalef.

87

Oj, wi fajn wet ess sajn

Das Wort Bal-habuss, wörtlich »Hausherr«, ist schwer zu übersetzen. Der Wunschtraum eines jeden Juden in der Diaspora war ja, daß der Messias, auf den man immer hoffte, alle zurück in das gelobte Land führen würde und man dort als gesicherter Ehrenbürger, als »Bal-habuss« leben würde. Man versteht diese etwas naiven Träume und Wünsche der armen Ostjuden, die sich in solch einem Lied offenbaren: Wie in einem Märchen kann man sich dann eine Brücke aus Papier bauen und darauf ins heilige Land zurückschreiten.

Oj wi fajn wet ess sajn as Mo-schi-ach wet ku-men zu gejn
Oj joi joi joi joi joi joi joi joi joi. Mir wer-n
sin-gen, mir wer-n tan-zen gejn, _____ oj
Ta-te, Ma-me, wer hot doss ge-sejn, ____ oj em-ess,
em-ess, oj em-ess, woss ich sog, en je-der
Jid in Jiss-ro-el wet Bal-ha-buss. Oj! Fun Pa-pir wel-en mir
boj-en sich a Brik en tot-schen sich, tot-schen sich in

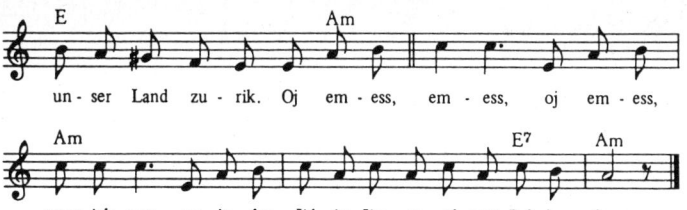

un - ser Land zu - rik. Oj em - ess, em - ess, oj em - ess,

woss ich sog, en je - der Jid in Jiss - ro - el wet Bal - ha - buss.

Oj, wi fajn wet ess sajn
As Moschiach wet kumen zu gejn
Oj, joi, joi, joi, joi, joi, joi, joi, joi, joi.
Mir wern singen
Mir wern tanzen gejn,
Oj, Tate, Mame, wer hot doss gesejn,
Oj, emess, emess, oj emess, woss ich sog,
En jeder Jid in Jissroel wet Bal-habuss.
Oj
Fin Papir welen mir bojen sich a Brik
En totschen sich, totschen sich in unser Land zurik.
Oj emess, emess, oj emess, woss ich sog,
En jeder Jid in Jissroel wet Bal-habuss.

Oh, fein wird es sein

Oh, fein wird es sein,
Wenn der Messias kommt!
Oj, joi...
Wir werden singen,
Wir werden tanzen,
Oh, Vater, Mutter, wer hat so was schon gesehen,
Oh, wahr, wahr, wahr ist, was ich sage,
Ein jeder Jude in Israel wird ein reicher Hausherr werden.
Oh,
Aus Papier wollen wir uns bauen eine Brück',
Und uns drängen in unser Land zurück.
Oh, wahr, wahr, wahr ist, was ich sage,
Ein jeder Jude in Israel wird ein reicher Hausherr sein.

Der Koss

Text: S. Frug
Musik: Trad.

Sog mir Mameschi, ich bet dich
is doss emess woss ess hot
mir derzeijlt der alter Sejde
as in Himl far Got
schtejt kewajochl dort a Becher
un wen mir mutschn sich do schwer
hot der grojsser Got Rachmoness
lost in Koss a Trer?

– Emess Kind majns! – sog noch Mame,
is doss ojch emess sicher
as kumn wet Meschiach
wen ful wet sajn der Becher?

90

– Emess! – doss Kind farklert sich
wart a Rege, trojerik, schtil,
fregt dernoch: – oj, wen-sche, Mame,
wet der Becher sajn ful?

Un ess faln zwej Briljantn
ojfn Kinds farklertn Stern ...
Got in Himl hob Rachmoness
nim in Koss arajn di Trern!

Der Kelch

– Sag mir, liebe Mama, ich bitte dich.
ist es wahr, was mir der alte Opa erzählt hat:
dort im Himmel vor Gott steht ein Becher bereit,
und jedesmal, wenn wir uns hier so abmühen,
dann bekommt der liebe Gott Mitleid
und läßt in den Kelch eine Träne fallen?

– Das ist wahr mein Kind! – Sag noch mal, Mutter,
ist es auch wirklich wahr,
daß der Messias kommen wird
wenn der Becher voll ist?
– Wahr, wahr ist es! – Das Kind denkt nach,
wartet eine Weile, traurig und still,
fragt danach: Und wann, Mama,
wird der Becher voll sein?

Und es fallen zwei Brillanten
auf des Kindes nachdenkliche Stirn ...
– Gott im Himmel, habe Mitleid,
nimm auch diese Tränen mit in deinen Kelch!

Sol schojn kumen di Ge'ule

Text: Sch. Katscherginsky
Musik: H. Kuk

Dieses liebevoll-ironische Lied des Arbeiterdichters Sch. Katscherginsky (1980-1954) zeigt, wie sehr die Juden auch als Proletarier und Industriearbeiter an ihrer religiösen Kultur festhielten. Katscherginsky lebte in Wilna. Er war Dichter, Folklorist und Partisan und gehörte zu den wenigen Überlebenden, da sich seine Partisanengruppe zu den Russen durchschlagen konnte. Er war der erste, der nach dem Krieg die Lieder aus den Ghettos und Konzentrationslagern sammelte und herausgab.

On-ge-sol-jet oj-fn Har-zn macht men a Le-cha-jim,
ojb der U-met lost nit ru-en, sin-gen mir a Lid.
Is ni-to kejn bi-ssl Bron-fn, lo-mir trin-ken Ma-jim.
Ma-jim-Cha-yim is doch Cha-jim, wos darf noch der Jid?
Sol schojn kumen di Ge-u-le, sol schjn ku-men di Ge-u-le,
sol schojn ku-men di Ge-u-le, me-
schi-ach kumt schojn bald, oj! Schi-ach kumt schojn bald.

Ongesoljet ojfn Harzn macht men a Lechajim.
Ojb der Umet lost nit ruen – singen mir a Lid.
Is nito kejn bissl Bronfn – lomir trinkn Majim,
Majim-chajim is doch Chajim, woss darf noch der Jid?

Refr.: Sol schojn kumn di Ge'ule,
Meschiach kumt schojn bald.

'Ss is a dor fun Kule-chajef, sajt nit kejn Naronim –
un fun Sindiken – Meschiach gicher kumn wet!
Ach, du Tatele in Himl, 'ss betn b'nej Rachmonim;
se Meschiach sol nit kumn a bissele zu schpet ...

Refr.: Sol schojn ...

'Ss tanzn bejmer in di Welder, Schtern ojfn Himl,
Reb Jisroel, der Mechutn, drejt sich in der Mit,
'Ss wet sich ojfwekn Meschiach fun sajn tifn Driml
wen er wet derhern unser tfiledike Lid.

Refr.: Sol schojn ...

Möge die Erlösung kommen

Wenn das Herz schwer ist, trinkt man ein Gläschen,
packt einen die Schwermut, singt man ein Lied.
Gibt es keinen Schnaps, trinkt man eben Wasser.
Auch mit Wasser kann man anstoßen auf 'das Leben'.*

Refr.: Möge kommen die Erlösung,
der Messias kommt schon bald.

Ach, eine schuldvolle Generation sind wir –
soll uns armen Sündern bald der Messias kommen!
Du liebes Väterchen im Himmel, sieh aber zu,
daß der Messias auch nicht ein bißchen zu spät kommt ...

In den Wäldern tanzen die Bäume, am Himmel die Sterne.
In der Mitte dreht sich unser Onkel, Rabbi Israel.
Der Messias wird aus seinem tiefen Traum aufwachen,
wenn er unser flehendes Lied hört.

---

* Bei den Juden sagt man statt „Prost" „Le chaim" (= zum Leben).

Lieder über Liebe und Ehe

Di gildne Pawe

Die Ehen im traditionsgebundenen jüdischen Milieu wurden meistens von den Eltern, manchmal mit Hilfe von Heiratsvermittlern, bestimmt. Söhne und Töchter wurden sehr früh miteinander verheiratet. So früh, daß sie sich noch lange nicht selbst ernähren konnten. Diese Aufgabe fiel also in den ersten Ehejahren den Eltern und Schwiegereltern zu. Die Frist dafür war genau festgesetzt.

Die tragischen Folgen solcher Ehen werden in vielen Liedern angedeutet: »Oj, dortn, dortn, ibern Wasserl«, Seite 99. Hier ist es das Mädchen, bitter klagend über einen schlechten Mann, und daß sie, weit vom Elternhaus entfernt, von den strengen und fordernden Schwiegereltern abhängig ist.

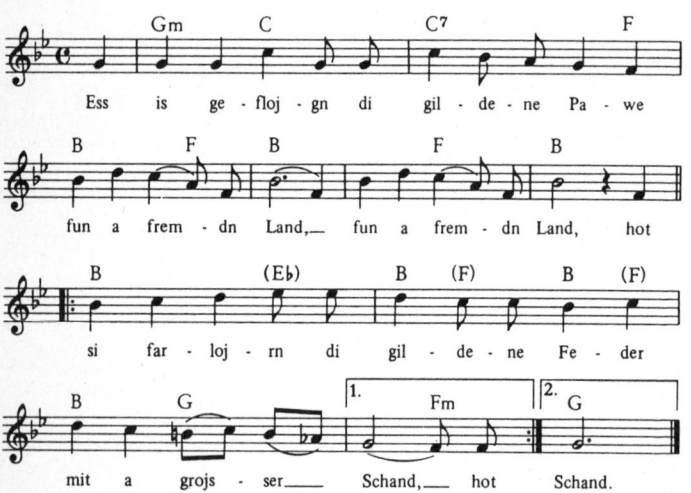

Ess is ge-floj-gn di gil-de-ne Pa-we
fun a frem-dn Land,— fun a frem-dn Land, hot
si far-loj-rn di gil-de-ne Fe-der
mit a grojs-ser— Schand,— hot Schand.

Ess is geflojgn di gildene Pawe
Fun a fremdn Land,
Fun a fremdn Land.
Hot si farlojrn di gildene Feder
Mit a grojsser Schand,
Mit Schand.

Ess is nit asoj di gildene Feder,
Wi di Pawe alejn.
Ess is doch nit asoj der Ejdcm,
Wi di Tochter alejn,
Alejn.

Wi ess is biter, majn libe Muter,
A Fejgele ojf dem Jam.
Asoj is biter, majn libe Muter,
Baj a schlechtn Mann,
Baj Mann.

Wi ess is biter, majn libe Muter,
A Fejgele on a Nesst.
Asoj is biter, majn libe Muter,
Schwer un Schwigers Kesst,
In Kesst . . .

Der goldene Pfau

Es ist geflogen ein goldener Pfau
In ein fremdes Land.
Hat er verloren eine goldene Feder
Mit großer Schande,
Mit Schande!

Es geht nicht um die goldene Feder,
Sondern um den Pfau selbst.
Es geht nicht um den Schwiegersohn,
Sondern um die Tochter selbst,
Sie selbst.

Wie es bitter ist, meine liebe Mutter,
Einem Vogel über dem Meer.
So ist es bitter, meine liebe Mutter,
Bei einem schlechten Mann,
Beim Mann.

Wie es bitter ist, meine liebe Mutter,
Einem Vogel ohne Nest.
So ist es bitter, meine liebe Mutter,
Bei Schwiegereltern in Kost,
In Kost . . .

Schejn bin ich, schejn

Schejn bin ich, schejn, schejn is ojch majn No - men.

Redt men mir Schi - du - u - chim mit gro - oj - sse Ra - bo - nim. Ra -

bo - ni - sche Toj - re is doch se - jer gro - ojss,

Bin ich baj majn Ma - a - men a lich - ti - ge Rojs.

A schejn Mej - de - le bin ich, Blo - je Se - ke - lech trog ich,

Gelt in di Ta - schn, Bir in di Fla - schn,

Wajn in di Kri - ge - lech, Kin - der in di Wi - ge - lech,

Schrajn a - le: Schejn! Sche - ejn bin ich, schejn.

Schejn bin ich, schejn,
Schejn is ojch majn Nomen.
Redt men mir Schiduchim
Mit grojsse Rabonim.
Rabonische Tojre
Is doch sejer grojss.
Bin ich baj majn Mamen
A lichtige Rojs.
   A schejn Mejdele bin ich,
   Bloje Sekelech trog ich,
   Gelt in die Taschn,
   Bir in di Flaschn,
   Wajn in di Krigelech,
   Kinder in di Wigelech,
   Schrajn ale: Schejn!
   Schejn bin ich, schejn.

Bessr a Melamed
Afile a bejsn,
Ejder a Studentl
Mit zerissne Hojsn.
Bessr a Bahelfer,
Mit a tuz klejne Kinder,
Ejder gor a Doktor
Mit a zebrochenem Zelinder.
   A schejn Mejdele . . .

Bessr a prosster Klojsnik,
Afile nischt kajn Guter,
Ejder an Apteker,
Woss preglt Flejsch ojf Puter.
Ich wil nemn ejnen Chossid,
Mit a por lange Pejess,*
Un er wet mir brengen
Fun unser Reben Kamejes.**
   A schejn Mejdele . . .

---

* Pejess = die Haarlocken an den Schläfen, die von frommen Juden getragen werden.
** Kameje (»Kamee«) = ein mit kabbalistischen Zauberformeln beschriebenes Pergament, das besonders von Kindern zum Schutz vor Krankheiten und bösen Geistern als Amulett getragen wurde. (Siehe Kommentar über Chassidismus.)

Schön bin ich, schön

Schön bin ich, schön,
Schön ist auch mein Name.
Man bietet mir Heiratspartien
Mit berühmten Rabbis.
Wirklich groß ist doch
Die Thora-Weisheit der Rabbis.
Ich bin die leuchtende Rose
Meiner Mutter.
    Ein schönes Mädchen bin ich,
    Blaue Socken trag' ich,
    Geld in den Taschen.
    Bier in den Flaschen,
    Wein in den Krügen,
    Kinder in den Wiegen,
    Alle rufen: Schön!
    Schön bin ich, schön.

Besser einen Lehrer,
Wenn er auch böse ist,
Als einen kleinen Studenten
Mit zerrissenen Hosen.
Besser einen Lehrerhelfer
Mit 'nem Dutzend kleiner Kinder,
Als gar einen Doktor
Mit 'nem zerbrochenen Zylinder.
    Ein schönes Mädchen . . .

Besser ein gewöhnlicher Talmud-Student,
Ist er auch kein Guter,
Als einen Apotheker, der
Sein Fleisch in Butter brät.*
Ich will einen Frommen nehmen,
Mit ein paar langen Schläfenlocken,
Der wird mir bringen ein »Amulett«
Von unserem Rabbi.
    Ein schönes Mädchen . . .

* Die Mischung von Fleisch- und Milchprodukten ist nach Ritualgesetz verboten.

Oj, dortn, dortn, ibern Wasserl

Oj, dor-tn, do-or-tn i-bern Wa-a-sser-l, Oj
dor-tn, dor-tn i-i-ber-n Brik_____ Fa-ar-
tri-bn hoss-tu mich in di wa-aj te-ne Le-en-der Un
ben-ken, benk___ ich noch dir zu-rik.

Oj, dortn, dortn, ibern Wasserl,
Oj, dortn, dortn, ibern Brik.
Fartribn hosstu mich in di wajtene Lender,
Un benken, benk ich noch dir zurik.

Oj, wifil Owentlech zusamen gesessn,
Oj, wifil Owentlech, schpet in der Nacht.
Oj, wifil Trerelech, mir hobn fargossn,
Oj, bis mir hobn di Libe zusamengebracht.

Oj, helf mir Gotenju, oj, Got in Himl,
Oj, helf mir Gotenju, ss'is mir nischt gut.
Schojn zajt draj Jorelech wi mir schpiln a Libe,
Un ojss-schpiln di Libe konen mir nit.

Oj, dajne Ojgelech, wi di schwarze Karschelech,
Un dajne Lipelech wi rosewe Papir.
Un dajne Fingerlech, wi Tint un wi Feder,
Oj, schrajbn solsstu ofte Briw zu mir.

Oh, dort, dort über den Wassern

Oh, dort, dort über den Wassern,
Oh, dort, dort über den Brücken.
Vertrieben hast du mich in ferne Länder,
Und ich sehne mich nach dir zurück.

Oh, wie viele Abende sind wir zusammen gesessen.
Oh, wie viele Abende, bis spät in die Nacht.
Oh, wie viele Tränen haben wir vergossen,
Bis wir uns unsere Liebe gestanden.

Oh, hilf mir Gott, Gott im Himmel,
Oh, hilf mir Gott in meinem Schmerz.
Schon seit drei Jahren lieben wir uns
Aber erfüllen darf sich unsere Liebe nicht.

Oh, deine Augen, wie schwarze Kirschen,
Und deine Lippen, wie rosa Papier.
Und deine Finger, wie Tinte und Feder,
Schreiben sollst du viele Briefe mir.

אוי, דאָרטן, דאָרטן

אוי, דאָרטן, דאָרטן, איבערן וואַסערל,
אוי, דאָרטן, דאָרטן, איבערן בריק!
פֿאַרטריבן האָסטו מיך אין די ווײַטענע לענדער
און בענקען בענק איך נאָך דיר צוריק!

אוי.וויפֿיל אָוונטלעך, צוזאמען געזעסן,
אוי, וויפֿיל אָוונטלעך, שפּעט אין דער נאכט.
אוי, וויפֿיל טרערעלעך, מיר האָבן פֿאַרגאָסן.
אוי, ביז מיר האָבן די ליבע צוזאאמענגעבראאכט.

אוי, העלף מיר, גאָטעניו, אוי, גאָט אין הימל,
העלף מיר, גאָטעניו, ס׳איז מיר ניט גוט!
שוין צײַט דרײַ יאָרעלעך ווי מיר שפּילן אַ ליבע,
און אויסשפּילן די ליבע קאָנען מיר ניט!

אוי, דיינע אויגעלעך, ווי די שוואַרצע קאָרשעלעך,
אוי, דיינע ליפּעלעך, ווי ראָזעווע פּאַפּיר.
און דיינע פֿינגערלעך, ווי טינט און ווי פֿעדער,
אוי, שרײַבן זאָלסטו אָפֿטע בריוו צו מיר.

Text des Liedes
im jiddischen Original
mit hebräischen Buchstaben

100

Mechutenesste majne

(Musik u. Text: trad.)

Mechutonim (hebr., plur.) sind ganz einfach die angeheirateten Verwandten, die natürlich auch zur Hochzeitsfeier kommen. Im Lied sprechen die
Eltern der Braut mit den Eltern des Bräutigams. Ein bestimmter Tanz zur
allgemeinen Verbrüderung der neuen Verwandtschaft ist üblich und wird
auch bei Ankunft und Verabschiedung der Mechutonim gespielt .

Me-chu - te - ness - te   maj - ne, Me-chu - te - ness - te ge-
tra - je,   oj,   lo - mir sajn ojf   ej - bik Me - chu - to-
nim! Oj   lo - mir sajn ojf   ej - bik_   Me - chu - to - nim!
Ich gib ajch a - wek majn Tocht-er far a Schnur, si   sol baj ajch nit
on - we   m doss   Po   -   nim_   Po   - nim.

Mechutenesste majne, Mechutenesste getraje,
oj, lomir sajn ojf ejbik Mechutonim!
Ich gib ajch awek majn Tochter far a Schnur,
si sol baj ajch nit onwern doss Ponim!

Mechutenesste majne, Mechutenesste getraje,
Ojf Kinder hobn tut men Blut fargissn!
Un tomer wet ir sen, as der Sun hot lib di Schnur,
sol ess ajch cholile nit fardrissn ...

Mechutenesste majne, Mechutenesste getraje,
ir solt majn Tochter fri nit ojfwekn!
Un tomer wet ir sen an awle of main Kind,
wi a Mame solt ir ess fardekn!

Mechutenesste majne, Mechutenesste getraje,
ich gib ajch hajnt awek majn Tochter Rikl!
Un tomer wet ir sajn a schlak, a bejsse Schwiger,
to is majn Tochter ojchet an Antikl!

Liebe Mechutonim

Liebe Mechutonim, – getreue Mechutonim!
Oh, laßt uns auf ewig verschwägert sein!
Ich geb euch heute meine Tochter als Schwiegertochter,
man braucht sich ihrer nicht zu schämen!

Liebe Mechutonim, – getreue Mechutonim!
Wenn man Kinder hat, schwitzt man Blut!
Und wenn es so ist, daß der Sohn die Tochter liebt,
dann sollte es euch doch recht sein!

Liebe Mechutonim, – getreue Mechutonim!
Weckt meine Tochter nicht zu früh auf!
Und wenn es so ist, daß ihr etwas fehlt,
dann behütet sie wie eine Mutter!

Liebe Mechutonim, – getreue Mechutonim!
Ich geb euch heute meine Tochter Rike!
Selbst wenn ihr nun schlechte Schwiegereltern wäret,
dann denkt daran: meine Tochter ist ein wertvoller Schatz!

Lieder über Armut und Emigration

Bin ich mir a Schnajderl

Bin ich mir a Schnajderl,
Bin ich mir a Schnajderl,
Leb ich mir Tog ojss, Tog ajn.
Lusstig un frejlech un fajn.
 Sog mir Schnajder, libinker un guter,
 Git dir di Nodl genug ojf Brojt mit Puter?
 Ich mach a Woch, zwej Gildn mit a Drajer,
 Ich ess nor Brojt, wajl Puter is zu tajer.

Bin ich mir a Schussterl,
Leb ich mir Tog ojss, Tog ajn.
Lusstig un frejlech un fajn.

Sog mir Schusster, hosstu woss zu kajen?
Fejlt dir ojsset, krigsstu wu zu lajen?
Kejner lajt nischt, kejner git kejn Orwess,
Ich bin a Schusster, gej ich take borwess.

Bin ich mir a Blecherl,
Leb ich mir Tog ojss, Tog ajn.
Lusstig un frejlech un fajn.

Sog mir Blecher, wi grojss is baj dir di Nojt?
Hosstu Bulkess, hosstu nit kajn Brojt?
Ich sitz un klap baj jenem fremde Decher,
Baj mir in Schtub rint fun ale Lecher.

Bin ich mir a Kremerl,
Leb ich mir Tog ojss, Tog ajn.
Lusstig un frejlech un fajn.

Sog mir Kremer, zi hosstu mit woss zu handlen?
Hosstu in Kreml Roshinkess mit Mandlen?
Ich hob in Kreml far zwej Groschn Ss'chojre,
Ich schlep dem Daless, un ich bentsch dem Bojre.

Ich bin ein Schneider

Ich bin ein Schneider,
Lebe ich so tagaus, tagein,
Lustig und fröhlich und fein.

Sag' mir, Schneider, mein Lieber und Guter,
Gibt dir die Nadel genug für Brot mit Butter?
Ich mach' die Woch' zwei Gulden und 'nen Dreier,
Ich ess' nur Brot, weil: Butter ist zu teuer.

Ich bin ein Schuster,
Lebe ich so tagaus, tagein,
Lustig und fröhlich und fein.

Sag' mir, Schuster, hast du was zu kauen?
Fehlen dir die Mittel, kriegst du irgendwo zu leihen?
Keiner leiht mir, keiner bürgt für mich,
Ich bin ein Schuster, doch muß ich barfuß gehen.

Ich bin ein Klempner,
Lebe ich so tagaus, tagein,
Lustig und fröhlich und fein.

Sag' mir, Klempner, wie groß ist bei dir die Not?
Hast du Semmeln, wenn dir das Brot fehlt?
Ich sitz' und hämmere bei vielen fremde Dächer.
Bei mir in der Stube tropft's aus allen Löchern.

Ich bin ein Krämer,
Lebe ich so tagaus, tagein,
Lustig und fröhlich und fein.
Sag' mir, Krämer, hast du was womit zu handeln?
Hast du in deinem Laden Rosinen und Mandeln?
Ich hab' im Laden für zwei Groschen Ware,
Ich schleppe die Armut und segne den Schöpfer.

Ot asoj nejt a Schnajder

Ein Arbeiterlied – es entstand etwa Mitte des 19. Jahrhunderts. Die ersten zwei Strophen gehören zu der Periode der unabhängigen Handwerker, die Strophen 3 und 4 kamen in den achtziger Jahren dazu, als der Kampf der Textilarbeiter um den Zehn-Stunden-Tag aktuell war und durch einen erfolgreichen Streik gekrönt wurde.

Hier kann man vielleicht sehen, wie die alten Lieder, die von den osteuropäischen Emigranten mit in die »Neue Welt« gebracht wurden, im Zeitalter der Industriearbeiter neue Strophen erhielten, während die Melodien oft gleich blieben: So verändern und erneuern sich alte Liedtraditionen.

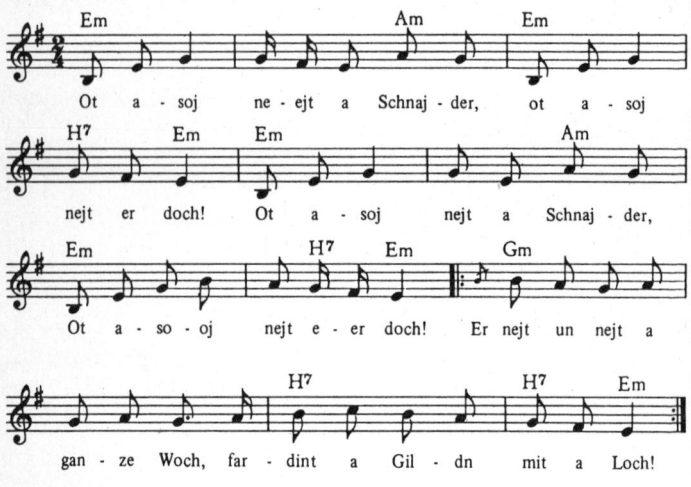

Ot asoj nejt a Schnajder,
Ot asoj nejt er doch!
Ot asoj nejt a Schnajder,
Ot asoj nejt er doch!

Er nejt un nejt a ganze Woch,
Fardint a Gildn mit a Loch!

Ot asoj ...

A Schnajder nejt un nejt un nejt
Un hot Kadochess, nit kejn Brojt!

Ot asoj ...

106

Farajorn – nit hajnt gedacht! –
Hobn mir gehorewet fun acht bis acht!

Ot asoj . . .

Ober di Schtrukzje hot ongemacht,
Mir arbetn schojn mer nit fun acht bis acht!

Ot asoj . . .

So näht ein Schneider

So näht ein Schneider,
So näht er.
So näht ein Schneider,
So näht er.

So näht . . .

Er näht und näht eine ganze Woch',
Verdient 'nen Gulden mit 'nem Loch!

So näht . . .

Ein Schneider näht und näht und näht
Und hat nur die Not, aber kein Brot!

So näht . . .

Vor einem Jahr – wer hätte das gedacht
Arbeiteten wir von acht bis acht!

So näht . . .

Aber der Streik, der hat's gemacht,
Wir arbeiten nicht mehr von acht bis acht!

So näht . . .

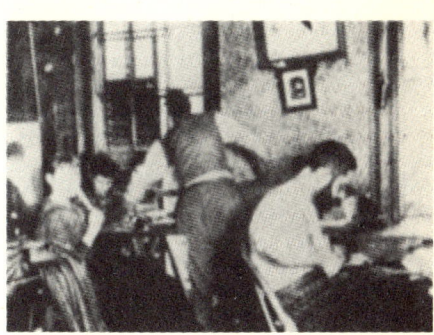

Schneideratelier Ende des
19. Jahrhunderts in der New
Yorker East Side. In diesem
Raum arbeiteten fünf Männer,
eine Frau, zwei Mädchen
und ein Junge.
Foto von Jacob A. Riis.

107

Der Opschit

Wie oft bei Volksliedern, kann der Inhalt etwas rätselhaft erscheinen. Ist es ein Abschied vom Leben? Geht da einer in das Reich des Todes, wo »kein Wind weht, kein Vogel fliegt und kein Hahn kräht«? Man weiß es nicht.

Die Melodie hat einen starken spanischen Anklang. Wie Flamenco-Musik. Schon sehr früh nach der Vertreibung durch die Römer kamen Juden auch nach Spanien und lebten dort im frühen Mittelalter in einer engen kulturellen Gemeinschaft mit den Mauren und sprachen auch arabisch. Langsam aber wurden die Mauren wieder durch die christlichen Westgoten zurückgedrängt. Mit der Eroberung Granadas durch Ferdinand den Katholischen war auch das Schicksal der Juden besiegelt.

1492 stellte Ferdinand ihnen ein Ultimatum, sich entweder taufen zu lassen oder auszuwandern. Sein Machtmittel war die Inquisition, die Ketzer und Andersgläubige grausam verfolgte. 300 000 überlebende Juden flohen aus Spanien, zum Teil auf den Balkan. Sie sprachen das »Ladino«, sozusagen ein spanisches »Jiddisch«. Das Lied »Sajt gesunt« kann also höchstens von »Spaniolen« (so nannte man die spanischen Juden) angeregt sein, nicht aber von ihnen selbst stammen. Ein »Jiddisch« auf der Basis der deutschen Sprache gab es nur bei den Ostjuden.

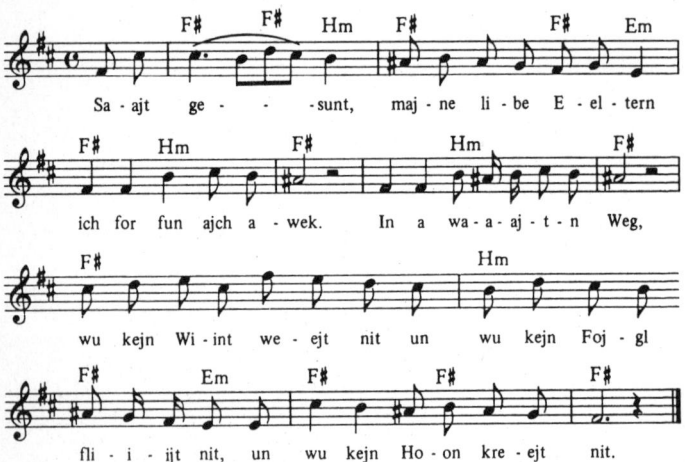

Sa - ajt ge - - sunt, maj - ne li - be E - el - tern ich for fun ajch a - wek. In a wa - a - aj - t - n Weg, wu kejn Wi - int we - ejt nit un wu kejn Foj - gl fli - i - ijt nit, un wu kejn Ho - on kre - ejt nit.

Sajt gesunt,
Majne libe Eltern,
Ich for fun ajch awek;
In a wajtn Weg,
Wu kejn Wint wejt nit,
Un wu kejn Fojgl flijgt nit,
Un wu kejn Hon krejt nit.

Sajt gesunt,
Majne libe Eltern,
Ich for fun ajch awek;
In a wajtn Weg!
Gott sol ajch gebn
Gesunt un Lebn,
Un mir a gliklichn Weg.

Der Abschied

Bleibt gesund,
Meine lieben Eltern,
Ich fahre nun von euch fort:
Ein weiter Weg liegt vor mir,
Wo kein Wind weht,
Und wo kein Vogel fliegt,
Und wo kein Hahn kräht.

Bleibt gesund,
Meine lieben Eltern,
Ich fahre nun von euch fort:
Ein weiter Weg liegt vor mir!
Gott soll euch geben
Gesundheit und Leben
Und mir eine glückliche Fahrt.

109

Jüdische Emigranten in Brody (Galizien).

Di draj Nejtorns

Jizchak Leib Perez (1851–1915), geboren in Samość, Polen, gehört zu den Klassikern der ostjüdischen Literatur.
Wie viele andere war auch er zunächst ein »Aufklärer«, dem Aberglauben und Wunderglauben fremd waren. Aber bald fing er an, die alten chassidischen Erzählungen zu lieben, und dadurch kam er dazu, selbst Legenden und neue chassidische Geschichten zu schreiben. Er war zugleich Sozialist, Zionist und glühender Verehrer der chassidischen Welt.
In seinem Lied »Die drei Näherinnen« drückt sich vor allem starkes soziales Mitgefühl aus.
Man könnte vielleicht sagen, daß der Chassidismus auch seine schärfsten Gegner, die Maskilim, doch beeindruckt und zumindest im künstlerischen Bereich (Dichtung und Malerei) inspiriert hat. So z.B. den Maler Marc Chagall oder den Dichter An-Ski, von dem das eindrucksvolle Bühnenstück »Der Dibbuk« stammt, in dem eine Teufelsaustreibung durch einen chassidischen Wunderrabbi geschildert wird.
Siehe auch Kommentar: »Chassidismus« auf Seite 22/23.

Di Ojgn rojt, di Lipn blo,
Kejn Tropn Blut in Bak nit do;
Der Schtern blass, badekt mit Schwajss,
Der Otem opgehakt un hejss.
Ess sizn draj Mejdlech un nejen,
Ess sizen draj Mejdlech un nejen.

Di Nodl blank, der Lajwent Schnej,
Un ejne tracht: Ich nej un nej,
Ich nej baj Tog, ich nej baj Nacht,
Kejn Chupe-Kleid sich nit gemacht!
Woss-she kumt mir arojss, as ich nej?

Nit ich schlof un nit ich ess,
Ich wolt gegebn ojf Me'ir Baal-Ness,
Efscher wolt er sich gemit:
An Almn chotsch, an alter Jid,
Mit Kinderlech a Schok.

Di zwejte tracht ich nej un schtep,
Ich schtep mir ojss nor groje Zep!
Der Kop, er brent, in Schlejfn es hakt,
Un di Maschin klopt zu zum Takt:
Tatatatata, tatata, ta.

Ich farschtej doch jenemss Wink,
On a Chupe, on a Ring –
Wolt gewen a Schpil, a Tanz,
A Libe ojf a Jor, a ganz;
Nor dernoch, dernoch, dernoch?

Di drite schpajt mit Blut un singt:
Ich nej mir krank, ich nej mir blind;
Es zwikt di Brusst baj jedn Schtoch . . .,
Un er hot Chassene di Woch!
Ich winsch im nit kejn Schlechts!

Ess fargejt woss amol,
Tachrichim wet mir gebn Kohol;
Ojch a klejntschik Pizel Erd.
Ich wel schlofn ungeschtert;
Ich wel run, run, run.

Die drei Näherinnen

Die Augen rot, die Lippen blau,
In den Wangen keinen Tropfen Blut,
Die Stirne blaß, bedeckt mit Schweiß,
Der Atem abgehackt und heiß.
Es sitzen drei Mädchen und nähen,
Es sitzen drei Mädchen und nähen.

112

Die Nadel blank, das Leinen schneeweiß,
Und die eine denkt: Ich nähe und nähe,
Ich nähe tags und nähe nachts,
Ein Hochzeitskleid habe ich mir nicht gemacht!
Was kommt also für mich dabei heraus, daß ich nähe?

Ich schlafe nicht und esse nicht,
Ich sollte eine Spende Me'ir, dem Wundertäter, geben,
Vielleicht würde er sich für mich bemühen,
Zumindest um einen Witwer, einen alten Juden
Mit Kindern ohne Zahl.

Die zweite denkt: Ich nähe und steppe,
Ich steppe mir nur graue Zöpfe,
Der Kopf brennt, die Schläfe pocht,
Und die Maschine schlägt dazu den Takt:
Tatatata, tatata, ta.

Ich verstehe seinen Wink –
Ohne Baldachin und ohne Ring.
Für ihn wär's ein Spiel, ein Tanz,
Eine Liebe bloß für ein Jahr;
Aber danach, danach, danach?

Die dritte spuckt Blut und singt:
Ich nähe mich krank, ich nähe mich blind;
Es schmerzt die Brust bei jedem Stich . . .,
Und er heiratet diese Woche!
Ich wünsche ihm nichts Schlechtes!

Es vergeht, was einmal war,
Das Totenhemd wird mir die Gemeinde geben;
Und auch ein kleines Stückchen Erde.
Ich werde schlafen ungestört;
Ich werde ruhen, ruhen, ruhen.

Krigss-inwalid

Text u. Musik: Mordechaj Gebirtig

Ich bet a Ned - o - we oj ji - di - sche Kin - der baj

uns in der Hejm is a___ Nojt___ di

Ma - me a Kran - ke, der Ta - te a Blin - der, far -

sor - gen muss ich sej mit___ Brojt.___ Di

Ma - me a Kran - ke, der Ta - te a Blin - der, far -

sor - gen muss ich sej mit___ Brojt.___

warft a - rop, gu - te - Mentschen, a - por Gro - schn,

far a Blin - dn Kri - igss - in - wa - lid,_____

dm

wemenss licht schojn oj   ej - bik   is - far - lo - schn,

dm   dm   F

sen di Welt wet   er schojn kejn - mol   nit,_____   oj

F   dm D# *3*   dm

sen di Welt wet   er schojn kejn - mol   -   nit._____

Ich bet a Nedowe, oj, jidische Kinder!
Baj uns in der Hejm is a Nojt,
di Mame a Kranke, der Tate a Blinder,
farsorgn muss ich sej mit Brojt.

Warft arop, gute Mentschn, a por Groschn,
far a blindn Krigss-inwalid,
wemenss Licht schojn ojf ejbik is farloschn,
sen di Welt wet er schojn kejnmol nit.

Der Tateschi majner is blind nischt gebojrn,
gewen a Zajt lang ojfn Schlacht,
sajn Licht fun di Ojgn in Schlachtfeld farlojrn,
ahejm a Medal sich gebracht.

Warft arop, gute Mentschn, a por Groschn,
far a Blindn, nischt gebojrn blind,
wemenss Licht schojn ojf ejbik is farloschn,
sen wet er nischt mer sajn ajgn Kind.

Gebracht a Medal, a Metune fun Kajser,
far sajne zwej Ojgn – der Lojn,
izt muss er gejn betln arum in di Hajser,
helft Mentschn a blindn Parschojn.

Warft arop, gute Mentschn, a por Groschn,
far a Blindn, folgn fun der Schlacht,
wemenss Licht schojn ojf ejbik is farloschn,
's lebn sajnss a chojschechdike Nacht.

115

Ich bet a Nedowe, oj, jidische Kinder!
ir hot doch kejn Harz fun Metal,
di Mame a Kranke, der Tate a Blinder,
fun Schlachtfeld gebracht a Medal.

Warft arop, gute Mentschn, a por Groschn,
far a Blindn, woss schtrekt ojss a Hand,
wemenss Licht schojn ojf ejbik is farloschn,
blind – a Korbn far sajn Foterland.

Kriegsinvalid

Ich bitt' um eine Gabe, ihr jüdischen Kinder,
bei uns zu Hause ist große Not.
Die Mutter ist krank und der Vater ist blind,
versorgen muß ich sie mit Brot.

Werft herab, gute Menschen, ein paar Groschen
für den blinden Kriegsinvaliden,
dem das Licht nun für ewig ist erloschen,
nie wieder wird er die Welt sehen.

Mein Vater ist blind nicht geboren,
er war lange Zeit in der Schlacht.
Sein Augenlicht hat er im Kriege verloren,
einen Orden dafür nach Hause gebracht.

Werft herab, gute Menschen, ein paar Groschen
für den Blinden, doch nicht geboren so blind,
dem das Licht schon für ewig ist erloschen.
Nie wieder wird er sehen sein eigenes Kind.

Einen Orden, eine Auszeichnung vom Kaiser,
hat er mitgebracht – für seine zwei Augen der Lohn.
Jetzt muß er betteln gehen vor den Häusern,
helft, Menschen, einer blinden Person.

Werft herab, gute Menschen, ein paar Groschen,
für den Blinden, das Opfer der Schlacht,
dem das Licht nun für ewig ist erloschen,
leben muß er jetzt in finsterer Nacht.

Ich bitt' um eine Gabe, o jüdische Kinder,
euer Herz ist doch zu Eisen noch nicht geworden,
die Mutter eine Kranke – der Vater ein Blinder,
aus dem Krieg brachte er heim nur den Orden.

Werft herab, gute Menschen, ein paar Groschen,
werft sie dem Blinden in die ausgestreckte Hand.
Denn sein Augenlicht ist für ewig erloschen,
er hat's geopfert für sein Vaterland.

116

Keschenewer Pogrom

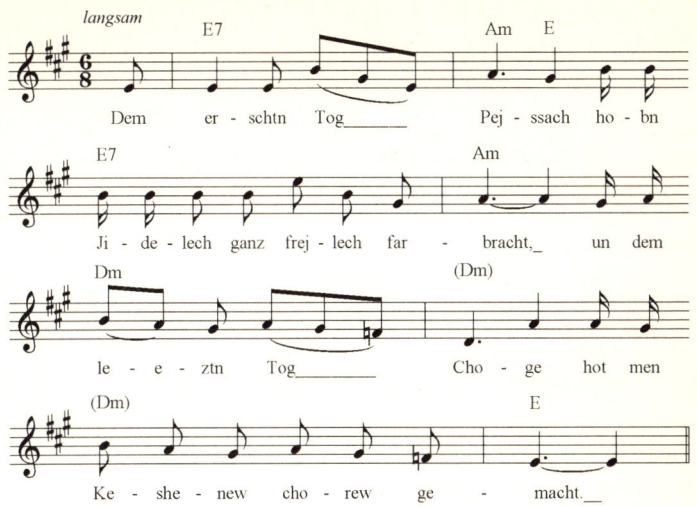

Dem erschtn Tog Pejssach
hobn Jidelech ganz frejlech farbracht,
un dem letzn Tog Choge
hot men Keschenew chorew gemacht.

Keschenew arumgeringlt
asoj wi a Bonder di Fass
Tatess un Mamess un Kinder
sajner gefaln in Gass.

Oj, du Got in Himl
kuk schojn arop zu uns
betracht nor dem Rach mit dem Tuml
wi di Go jim senen sich nojchem in uns!

117

Den ersten Pesach – Feiertag
haben wir noch ganz friedlich verbracht.
Aber am letzten Feiertag hat man
unser Kischinew in Trümmer gelegt.

Kischinew wurde umzingelt;
so wie der Reifen das Faß umringt.
Väter und Mütter und Kinder
sind in der Gasse gefallen.

O unser Gott im Himmel,
schau nur herunter zu uns,
schau dir nur die Raserei und den Tumult an,
wie die Feinde uns niedermetzeln!

Das jüdische Pesachfest fällt zeitlich etwa mit dem christlichen Osterfest
zusammen. Es soll an den Auszug der »Kinder Israels« aus Ägypten erinnern und an die Befreiung aus der ägyptischen Sklaverei.

Mir wandern

S. An-Ski (1863-1920), Pseudonym für Schlomo Rapaport, Autor des berühmten Theaterstückes »Der Dibbuk« hinterließ ein großes Werk in etwa 15 Bänden – u.a. Ethnographica und Folklore.

Text: S. An-Ski.
Musik: Michel Gelbart

Mir wa-an-dern, mir wa-an-dern fun ejn Land in dem a-an-dern, durch Hung-er un durch Kelt. Far - wo-gel-te, Far-bit-ter-te, Far-folg-te und Far-zit-ter-te, mir Frem-de fun der Welt. Fun Go-lus toj-sent-jo-ri-ken, fun hajnt u-un fun a-mol-i-ken ho-ot unds sich op-ge-schte-e-elt: a Raich-tum gor an an-de-rer, a Ko-jech fun a Wan-de-rer, woss gejt um ojf der Welt.

Mir wandern, mir wandern
fun ejn Land in dem andern,
durch Hunger un durch Kelt,
farwogelte, farbitterte,
farfolgte un farzitterte,
mir Fremde fun der Welt.

Fun Goluss tojsentjoriken,
fun hajnt un fun amoliken,
hot uns sich opgeschtelt:
a Rajchtum gor an anderer
a Kojech fun a Wanderer
woss gejt um ojf der Welt.

Mir trogn sojmen Ejbike
fun Glojbike, fun Hejlike,
a rojte Sun uns helt:
mir trogn in der Arbetsgass
durch Fajer, Blut un Mentschenhass
a kumedike Welt.

A naje Welt, a grojssere,
a schejnere, a bessere
wet wern ojfgeschtelt:
mir bojen si mit unser Blut,
mit unser Gejsst, mit unser Mut,
mir Birger fun der Welt.

Wir wandern

Wir wandern, wir wandern
von einem Land ins andere,
durch Hunger und durch Kälte.
Erschreckte, Verbitterte,
Verfolgte und Eingeschüchterte,
wir Fremde dieser Welt.

Tausendjährige Verbannung
von damals bis heute,
sie war immer auf unserem Weg.
Ein ganz anderer Reichtum,
die Kraft eines Wanderers,
ist durch uns auf der Welt.

Wir tragen in uns ewige Keime,
an uns weitergegeben von
Heiligen und Gläubigen –
uns leuchtet eine rote Sonne.
Auf der Straße der Arbeit tragen wir
durch Feuer, Blut und Menschenhaß
die kommende Welt.

Eine neue Welt, eine größere,
schönere und bessere
werden wir bauen,
wir bauen sie mit unserem Blut,
mit unserem Geist und unserem Mut,
wir Bürger dieser Welt.

Schmilik, Gawrilik

Text: I. Rejngold
Musik: G. Mendelsohn

Waltz

Schmi - lik, Gaw - ri - lik, Cha - wej - rim - lech zwej

schpi - ln sich bej - de, kejn glaj - chn zu sej - in

Ferd - lech, mit - Schwerd-lech, in Samd un in Erd,

Schjmi - lik der Schmaj - sser, Gaw - ri - lik, der Ferd.

Schmi - lik, Gaw - ri - lik sej wak - sn gich ojss

kumt sej in Si nen: A - me - ri - ke is grojss. Ge-

ku - men zu schwi - men zu der gol - de - nen Erd--

Schmi - lik der Schmaj-sser, Gaw - ri - lik, der Ferd.__

121

Schmilik, Gawrilik, Chawejrimlech zwej
schpiln sich bejde, kejn glajchn zu sej –
in Ferdlech, mit Schwerdlech, in Samd un in Erd,
Schmilik, der Schmajsser, Gawrilik, der Ferd.

Schmilik, Gawrilik, sej waksn gich ojss
kumt sej in Sinen: Amerike is grojss.
Gekumen zu schwimen zu der goldener Erd –
Schmilik, der Schmajsser, Gawrilik, der Ferd.

Schmilik, Gawrilik, in goldenem Land:
Schmilik, a „Bossl", Gawrilik sajn Hant;
Schmilik in Himl, Gawrilik in d'r Erd –
Schmilik, der Schmajsser, Gawrilik, der Ferd.

Schmilik, Gawrilik, kejn Frajnd schojn nit mer,
Schmilik, a „Lendlord", a Jachssn is er;
Gawrilik, sajn Schochn, in Bejssment, in d'r Erd,
Schmilik blajbt Schmajsser, Gawrilik blajbt Ferd ...

Schmilik, Gavrilik, zwei Kameraden

Schmilik, Gavrilik, zwei Spielkameraden,
spielten zusammen, sowas gab's nicht nochmal,
Pferdchen und Schwertchen, im Sand und auf der Straße,
Schmilik hielt die Zügel, Gavrilik war das Pferd.

Schmilik, Gavrilik, schnell wuchsen sie heran,
da kam ihnen in den Sinn: Amerika, das wäre was!
Schon kamen sie angeschwommen ins gelobte Land,
Schmilik, der Reiter, Gavrilik, das Pferd.

Schmilik, Gavrilik, jetzt im goldenen Land:
Schmilik ist der Boss, Gavrilik seine rechte Hand,
Schmilik im Himmel, Gavrilik in der Hölle,
Schmilik mit der Peitsche, Gavrilik sein Pferd.

Schmilik, Gavrilik sind schon lange keine Freunde mehr,
Schmilik ist ein hoher Herr, ein feiner Mann,
Gavrilik ist sein Untergebener, im Keller, in der Höll',
Schmilik bleibt Reiter, Gavrilik bleibt Pferd!

Wi ahin sol ich gejn?

Entstanden während des 2. Weltkrieges in Europa und überall gesungen in
kleinen Theatern und Kabaretts, wurde dieses Lied schnell sehr beliebt, kam
danach mit Emigranten nach Amerika, wo es ein großes Publikum fand.

Text: O. Strock
Musik: S. Korn-Tuer

Der Jid_____ wert ge - jogt un ge-
plogt_____ nischt si - cher _____
is far im je - der Tog. _____ sajn
Le - bn_____ is a fin - ste - re Nacht,___ sajn
Schtre - bn_____ altz far im is far - macht._____ Far-
lo - sn_____ blojss mit sso - nim, kajn frajnt, ___
kajn Hof - nung _____ on a Si - che - rn Hajnt.
Wi a - hin sol ich gejn? _____ Wer kon ent - fe - rn

123

mir?_____ Wi a - hin sol ich gejn? _____

As far-schlo-sn 's je - de Tir ——— 'ss is di Welt grojss ge-

nug_____ nor far mir is eng un klejn ———

——— wi a Blik 'chmuss zu-rik 'ssis zu-schtert je-de Brik wi a-hin sol ich gejn?

Brik wi a - hin sol ich gejn?

Der Jid wert gejogt un geplogt
nischt sicher is far im jeder Tog
sajn Lebn is a finstere Nacht
sajn Schtrebn altz far im is farmacht
farlosn blojss mit Ssonim, kajn Frajnt
kajn Hofnung on a sichern Hajnt.

Refr.: Wi ahin sol ich gejn?
     Wer kon entfern mir?
     Wi ahin sol ich gejn?
     As farschlosn 'ss jede Tir –
     'ss is di Welt grojss genug
     nor far mir is eng un klejn ...
     wi a Blik 'ch muss zurik
     'ss is zuschtert jede Brik!
     wi ahin sol ich gejn?

Wohin soll ich gehen?

Der Jude wird gejagt und geplagt,
jeden Tag ist er gefährdet –
sein Leben ist wie finstere Nacht.
Sein Streben führt zu nichts.
Verlassen ist er, hat nur Feinde, keine Freunde,
keine Hoffnung, kein gesichertes Leben.

Refr.: Wohin soll ich gehen?
     Antwortet mir!
     Wohin soll ich gehen,
     wenn verschlossen ist mir jede Tür?
     Die Welt ist groß genug –
     nur für mich ist sie eng und klein ...
     – und wenn ich zurückweiche,
     ist jede Brücke zerstört!
     Wohin soll ich gehen?

Majn Jingele

Morris Rosenfeld (1861–1923), geboren in Boksza (im russischen Teil Polens), kam 1886 nach Amerika, in einer Zeit der Massenemigration von Juden aus Osteuropa. Er war Konfektionsarbeiter. Als Arbeiterdichter wurde er bald beliebt, und viele Unbekannte vertonten seine Gedichte. Seine Lieder kannte man dann bald auf beiden Seiten des Atlantischen Ozeans, überall wo man jiddisch sprach. Oft gibt es auch verschiedene Vertonungen zu demselben Lied.

»Mein Söhnchen« beschreibt indirekt die schwere Lage der »Sweatshop-Arbeiter«, die so viele Stunden arbeiten mußten, daß sie kaum ihre Familie und Kinder anders als schlafend sahen. Das Wort »sweat« bedeutet im Englischen schwitzen, hart arbeiten, aber auch ausgenutzt werden. »Sweatshops« nannte man daher die vielen kleinen Textilwerkstätten, die es damals in New York gab und wo viele der neu eingewanderten Juden bei Hungerlöhnen Gesundheit und Leben einbüßten. Daher wurden auch die Lieder von Morris Rosenfeld mit der Zeit immer aggressiver und enthielten auch konkrete politische und soziale Forderungen.

Ich hob a klejnem Jingele
A Sunele gor fajn,
Wen ich derse im, dacht sich mir,
Di ganze Welt is majn.

126

Nor seltn, seltn se ich im,
Majn Schejnem, wen er wacht.
Ich tref im imer schlofndik,
Ich se im nor bajnacht.
Di Arbet trajbt mich fri arojss,
Un lost mich schpet zurik.
Oj fremd is mir majn eign Lajb,
Oj, fremd, majn Kind's a Blik.
Ich kum zuklemterhejt ahejm,
In Finsternisch gehilt,
Majn blaich Froj derzelt mir bald
Wi fajn doss Kind sich schpilt.
Wi siss es ret, wi klug es fregt:
Oj, Mame, gute Ma,
Wen kumt un brengt a Pene mir,
Majn guter, guter Pa?
Ich her ess zu, un jo, ess mus,
Jo, jo, ess mus geschen!
Di Foter-Libe flakert ojf,
Ess mus majn Kind mich sen!
Ich schtej baj sajn Gelegerl,
Un se un her un scha.
A Trojm bawegt di Lipelech:
Oj, wu is, wu is Pa?
Ich kusch di bloje Ojgelech,
Sej efenen sich, o, Kind!
Sej sejen mich, sej sejen mich!
– Un schlissn sich geschwind.
Do schtejt dajn Papa, tajerer,
A Penele dir, na!
A Trojm bawegt di Lipelech;
Oj, wu is, wu is Pa?
Ich blajb zuwejtogt un zuklemt,
Farbitert, un ich kler:
Wen du erwachsst amol, majn Kind,
Gefinsstu mich nit mer . . .

Mein Söhnchen

Ich hab' einen kleinen Jungen,
Ein gar feines Söhnchen.
Wenn ich ihn ansehe, dann scheint mir,
Daß mir die ganze Welt gehört.

Nur selten seh' ich ihn,
Meinen Schönen, wenn er wach ist.
Ich treff' ihn immer schlafend an,
Ich seh' ihn nur bei Nacht.
Die Arbeit treibt mich früh hinaus
Und läßt mich spät heimkommen.
Oh, fremd ist mir mein eigen Fleisch und Blut,
Oh, fremd ist mir der Blick meines Kindes.
Wenn ich zermürbt nach Hause komme,
In Finsternis gehüllt,
Dann erzählt mir mein blasses Weib,
Wie fein unser Kind spielt.
Wie süß es plaudert, wie klug es fragt:
Oh, Mutter, gute Mutter,
Wann bringt mir einen Penny
Mein guter, guter Papa?
Ich höre zu und ja, es muß,
Ja, ja, es muß geschehn!
Die Vaterliebe flammt in mir auf:
Mein Kind, ich muß es sehn!
Ich steh' an seinem Bettchen
Und seh' und hör' und schau'.
Ein Traum bewegt seine Lippen:
»Oh, wo ist der Papa?«
Ich küsse die blauen Äugelein,
Sie öffnen sich, oh Kind!
Sie sehen mich,
Und schließen sich geschwind.
Da steht dein Vater, Teurer.
Da hast du einen Penny!
Ein Traum bewegt die Lippen:
»Oh, wo ist der Papa?«
Ich werde traurig und bedrückt,
Verbittert denke ich:
Wenn du endlich aufwachst, mein Kind,
Findest du mich nicht mehr . . .

Rosinkess mit Mandlen

Abraham Goldfaden (1840–1908), geboren in Alt-Konstantin, Wolhyni-
en, kam durch seinen Vater in eine Rabbinerschule, wo er 1866 sein Ex-
amen bestand. Auf diese Art konnte verhindert werden, daß er zur russischen Armee mußte. Schon während seiner Studienzeit kam er mit Volks-
sängern unter den Studenten in Verbindung. Er fing an, Liedertexte für
sie zu schreiben, und sang auch selber seine Lieder. Bald gab er seine
Laufbahn als Rabbiner auf, wurde Lehrer und widmete sich ganz dem
Liederdichten. Es gibt eine Reihe Sammlungen von ihm: »Doss Jidele«
und »Di Jidene«.
1875 startete er in Lemberg eine satirische Zeitschrift, »Issrolik«, für russische Juden, die nach einem halben Jahr von der russischen Regierung
verboten wurde. Er übersiedelte daraufhin nach Tschernowitz und gab
dort ein jüdisches »Volksblatt« heraus. Auf Anraten seiner Freunde ver-
legte er den Sitz dieser Zeitung nach Jassy, Rumänien. Dort gab es damals
viele jüdische junge Männer, die vor den grausamen Armeegesetzen Ni-
kolaus I. hierher geflohen waren. Sie hatten in Rumänien keine Möglichkeiten sich zu bilden oder einen Beruf zu erlernen und konnten sich nur als
Hilfsarbeiter und herumwandernde Gaukler und Sänger ernähren.
Goldfaden war erschüttert über das niedrige geistige Niveau der Juden in
Rumänien. Um dem abzuhelfen, schrieb er eine Reihe Theaterstücke, in
die er viele Volksmelodien und Lieder einbaute, eine Art Musicals. Seine
Themen waren jüdische Geschichte und jüdisches Leben. Seine Stücke
verbanden pädagogische und dramatische Wirkung. Er fing ganz beschei-
den an: Die Schauspieler waren entweder wandernde Gaukler oder einfache Handwerker. Aber vielleicht kann man doch sagen, daß er damit das
später berühmte jiddische Theater mitbegründen half.

In dem Bejss - Ha - mik - dosch,   in a Win - kl Chej - der,

sizt di Al - mo - ne Bass Zi - jon a - lejn. Ir Ben -

joch - i - dl Ji - de - le wigt si kess - ej - der un

In dem Bejss-Hamikdosch, in a Winkl Chejder,
Sizt di Almone Bass Zijon alejn.
Ir Benjochidl, Jidele, wigt si kessejder,
Un singt im zum Schlofn a Lidele schejn.
Unter Jideless Wigele
Schtejt a klor wajss Zigele.
Doss Zigele is geforen handlen.
Doss wet sajn dajn Beruf.
Rosinkess mit Mandlen
Schlof-she Jidele schlof.

Rosinen und Mandeln

Im heiligen Tempel, in einem Winkelstübchen,
Sitzt die Witwe, die Tochter Zions allein.
Sie wiegt ihr einziges Söhnchen, den kleinen Juden,
Wie sich das gehört, und singt ihm schön
Ein Liedchen zum Einschlafen.
Unter des kleinen Juden Wiegelein
Steht ein schneeweißes Ziegelein.
Das Ziegelein ist gefahren, um zu handeln –
Das wird einmal sein dein Beruf –
Mit Rosinen und Mandeln.
Schlaf, kleiner Jude, schlaf.

Schtiler, schtiler (Ponar-Wig-Lid)

Am 5. April 1943 wurden 4000 Juden – Männer, Frauen und Kinder – in Ponar, der Vorstadt von Wilna (Litauen), von der SS erschossen.
Dieses Ponar-Wiegenlied erinnert an das unglaubliche, tragische Ereignis, das ja nur ein Teil des ganzen Geschehens, der Ausrottung von sechs Millionen Juden war. Die Unbegreiflichkeit spiegelt sich im Lied: »Unser Unglück wolln die Feinde – man kann es nicht verstehn.« »Freu dich nicht, Kind, dein Lachen könnte uns verraten« – deutet darauf, daß versucht wurde, die Kinder zu verstecken, um sie vor den Nazis zu retten.
Die Melodie schrieb ein elfjähriger Junge anläßlich eines Wettbewerbs im Ghetto 1943 zu dem Gedicht von Sholem Katscherginsky. »Solcherlei Kulturschaffen herrschte im Ghetto, während die Gefahr der Vernichtung täglich von draußen drohte« (Rabinovich). Sholem Katscherginsky gab 1948 in New York die bekannteste Sammlung jiddischer Lieder aus der Zeit des Zweiten Weltkrieges heraus: »Songs of the Ghettos and Camps«.

[Musik: Notensystem]

wejn nit, Oj - zer, 'ss helft nit kejn Ge - wejn,

un - ser Un - glik we - ln Sso - nim saj wi nit far -

schtejn. 'Ss ho - bn Bre - gess ojch di Ja - mn,

'ss ho - bn ojch - et Tfi - ssess za - mn, nor zu un - ser

Pajn, kejn bi - ssl Schajn, kejn bi - ssl Schajn.

Schtiler, schtiler, lomir schwajgn,
K'worim wakssn do.
'Ss hobn sej farflanzt di Ssonim,
Grinen sej zum blo.
'Ss firn Wegn zu Ponar zu,
'Ss firt kejn Weg zurik,
Is der Tate wu farschwunden
Un mit im doss Glik.
Schtiler, Kind majns, wejn nit Ojzer,
'Ss helft nit kejn Gewejn,
Unser Unglik weln Ssonim
Saj wi nit farschtejn.
'Ss hobn Bregess ojch di Jamn,
'Ss hobn ojchet Tfissess zamn,
Nor zu unser Pajn
Kejn bissl Schajn,
Kejn bissl Schajn.

Halbverhungerte jüdische
Kinder im Warschauer
Ghetto April/Mai 1943.

133

Friling ojfn Land gekumn,
Un uns Harbsst gebracht,
Is der Tog hajnt ful mit Blumn,
Uns set nor di Nacht.
Goldikt schojn der Harbst ojf Schtamn,
Blit in uns der Zar.
Blajbt farjossmt wu a Mame,
'Ss Kind gejt ojf Ponar.
Di Wilíe a geschmite
Hot' ojch gejacht in Pajn,
Jogn Kri'ess Ejs durch Lite
Izt in Jam arajn.
'Ss wert der Chojschech wu zerunen,
Fun der Finsster lojchtn Sunen,
Rajter kum geschwint,
Dich ruft dajn Kind.

Schtiler, schtiler, 'ss kweln Kwaln
Uns in Harz arum.
Bis der Tojer wet nit faln,
Musn mir sajn schtum.
Frej nit Kind sich, 'ss is dajn Schmejchl
Izt far uns farrat,
Sen dem Friling sol der Ssojne
Wi in Harbst a Blat.
Sol der Kwal sich ruig flissn,
Schtiler saj un hof.
Mit der Frajhajt kumt der Tate,
Schlof-she Kind majns, schlof.
Wi di Wilíe a bafrajte,
Wi di Bejmer grin banajte,
Lojcht schojn Frajhajtslicht
Ojf dajn Gesicht.

Still, still (Ponar-Wiegenlied)

Still, still, laßt uns schweigen,
Gräber wachsen dort.
Schimmernd von grün bis blau,
Die Feinde haben sie gepflanzt.
Es führen Wege nach Ponar,
Doch führt kein Weg zurück,
Und der Vater ist verschwunden
Und mit ihm das Glück.

134

Still, mein Kind, weine nicht, Schätzchen,
Es hilft ja kein Weinen,
Unser Unglück wollen die Feinde,
Man kann es nicht verstehn.
Es haben Ufer die Meere,
Auch die Gefängnisse haben Grenzen,
Nur zu unserm Leiden,
Kein Lichtstrahl zeigt sich.

Der Frühling kam über das Land,
Und brachte uns den Herbst,
Zwar ist der Tag voller Blumen,
Uns sieht nur die Nacht.
Goldenen Schein wirft der Herbst auf die Stämme,
Während in uns Trauer blüht.
Sitzt vereinsamt eine Mutter,
Das Kind kam nach Ponar.
Die Wilia* in Fesseln geschmiedet,
Seufzt auf wie im Schmerz,
Sprengt das Eis und jagt durch das Land,
Ins Meer sich ergießend.
Die Dunkelheit wird dann verschwinden,
Aus der Finsternis leuchtet Sonne,
Reiter**, komm geschwind,
Es ruft dein Kind.

Still, still, im Herzen
Springen Quellen auf.
Bis das Tor gefallen ist,
Müssen wir stumm sein.
Freu dich nicht, Kind, dein Lachen
Könnte uns verraten.
Der Feind soll den Frühling so wenig erleben
Wie ein Blatt den Herbst.
Laß die Quelle ruhig fließen,
Sei nur still und hoffe.
Mit der Freiheit kommt der Vater,
Schlafe, mein Kind, schlafe.
Wie die befreite Wilia,
Wie das frische Grün der Bäume
Leuchtet schon das Freiheitslicht
Auf dein Gesicht.

* Wilia = Fluß in Litauen
** Reiter, wahrscheinlich sind Partisanen gemeint.

Widerstandslieder

Woss darfn mir wejnen?

Dieses Lied ist in einem der Todeslager entstanden und atmet eine Art Aufruhr in der schlimmsten Verzweiflung, eine Hoffnung für die Überlebenden. Kaddisch sogn = den Kaddisch sprechen. Der Kaddisch ist das Totengebet, das der älteste Sohn am Grab der Eltern liest. Schiwe sitzen = Totenwache.

136

Woss darfn mir wejnen, woss darfn mir klogn?
Mir wern noch di ssonim a Kaddisch noch sogn.

Refr.: Biri bom, bom – bom – bom – bom.
Biri bom, bom – bom – bom – bom.

Lomir sajn frejlech un sogn sich Wizn,
mir weln noch Hitlern Schiwe noch sizen.

Lomir sich trejstn, di Zoress fargessn
ess weln di Werim noch Hitlern fressn.

Di Ssonim woss firn uns dort kejn Treblinke
sej weln noch wern in der Erd aingesinken.

Mir weln zusamen noch Orem baj Orem
im Jirze – Haschejem tanzn ojfn Ssojness Kworim.

Warum sollen wir weinen?

Warum sollen wir weinen, warum sollen wir klagen?
Bald werden wir unseren Feinden das „Kaddisch" aufsagen.

Refr.: Biri-bom, bom, bom, bom, bom.
Biri-bom, bom, bom, bom, bom.

Laßt uns fröhlich sein und uns erzählen,
wie wir dem Hitler bald „schiwe sitzen" werden.

Laßt uns die Leiden vergessen, laßt uns uns damit trösten,
es werden die Würmer auch Hitler noch fressen.

Auch die Feinde, die uns dort nach Treblinka führen,
die werden bald in der Erde versinken.

Zusammen, Arm in Arm, tanzen wir dann,
wenn Gott will, auf den Gräbern unserer Feinde!

Warsche

Es ist erst 50 Jahre her, daß eine kleine Schar halbverhungerter jüdischer
Widerständler unter ihrem jungen Anführer Mordechai Anielewicz noch
drei Wochen standhielt gegen die Übermacht von 3000 SS-Soldaten und
des Panzerbataillons unter Jürgen Stroop.
„Wir werden der Welt nie vergeben!" heißt es im Lied. Die Welt stand
stumm. Der Endsieg war wichtiger als dieser kleine Aufruhr ...

Text: S. Katscherginsky
Musik: Leon Wajner

'Ss far - schwind nischt di Nacht un der Tog kumt nit on a
blu - ti - ke Kojl wet di Erd schojn. A Jid fla - tert ojf wi a
schtur-mi-sche Fon. A Fon in - em Tol fun di Mej - ssim. A
Jid fla-tert ojf wi a schtur mi-sche Fon a Fon in-em Tol fun di
Mej - ssim. Mej - ssim. Krits ojss sich in Har - zn draj
Wer - ter fun Blut: Ne - ku - me! Ne-ku - me! Ne - ku - me!

138

'ss farschwind nischt di Nacht un
              der Tog kumt nit on
a blutike Kojl wet di Erd schojn.
A Jid flatert ojf wi a schturmische Fon,
a fon inem Tol fun di Mejssim.

In Churbess doss Gheto, di Jidn in Schlacht,
der Jid schprejst durch Rojch un durch Flamen,
Nekume, Nekume! – ess schturemt di Nacht –
far Kinder, far Tatess, far Mamess.

Der Schnej schit un schit, un di Erd wet nit wajss,
ess halt noch doss Blut in ejn Sidn,
ess ruft noch Nekume ojf schnejikn Ajss
doss Blut fun di heldischn Jidn.

Kejn Tog wet nit sajn, ruft der Jid, un kejn Nacht,
mir weln di Welt nit fargebn!
di, welche senen gefaln in Schlacht,
ejbik in uns weln lebn!

Mir weln gedenkn dem Wej un dem Mut
ess fibert in Gli di Neschume.
Kriz ojss sich in Harzn draj Werter fun Blut
Nekume! Nekume! Nekume!

Warschau (April 1943)

Die Nacht will nicht weichen
              und kein Tag kommt herauf,
zum blutigen Ball wird die Erde.
Ein Jude steigt auf wie eine Sturmfahne,
eine Fahne im Totental.

In Trümmern das Ghetto, die Juden zur Schlacht,
der Jude durch Rauch und durch Flammen.
Rache! – Rache! – in stürmischer Nacht –
Vergeltung für Kinder, für Mütter und Väter.

Es schneit und schneit, aber die Erde wird nicht weiß,
es brennen die Wunden und bluten.
Es ruft nach Vergeltung auf Schnee und auf Eis
das Blut der jüdischen Helden.

Es wird keinen Tag mehr geben! Ruft der Jude,
                                        keine Nacht!
Wir werden der Welt nie vergeben!
Jene, die gefallen sind in der Schlacht
werden ewig in uns leben!

Nie wird vergessen der Schmerz und der Mut!
Die Glut unsre Seelen entfache!
Ritzt euch ins Herz drei Worte aus Blut:
Die Rache, die Rache, die Rache!

'Ss brent, Brider, 'ss brent

Der Schreiner Mordechaj Gebirtig (1877–1942), geboren in Krakau, Polen, war Mitglied der jüdischen sozialdemokratischen Partei in Galizien. Als Mitglied einer Amateur-Schauspielergruppe begann er Lieder zu schreiben, die er zunächst nur seinen Freunden und seiner Familie vorsang. Aber seine Lieder waren so »zündend«, daß sie sich wie ein Lauffeuer verbreiteten. Bald hörte man sie überall bei den Juden Osteuropas. Er wurde der Liedermacher und Volkssänger seiner Zeit. Während der deutschen Besetzung nahm er aktiv teil an der Widerstandsbewegung des Krakauer Ghettos und feuerte die Kämpfer mit seinen Liedern an.
In Krakau kamen fast 40 000 Juden um. So auch Mordechaj Gebirtig. Er wurde am 4. Juli 1942 von deutschen Soldaten erschossen.

'Ss brent, Brider, 'ss brent!
Oj, unser orem Schtetl nebech brent!
Bejse Windn mit Irgosen
Rajssn, brechn un zeblosn,
Schtarker noch di wilde Flamn,
Alz arum schojn brent!
    Un ir schtejt un kukt asoj sich mit farlejgte Hent,
    Un ir schtejt un kukt asoj sich, unser Schtetl brent!

'Ss brent, Brider, 'ss brent!
Oj, unser orem Schtetl nebech brent!
'Ss hobn schojn di Fajerzungen
Doss ganze Schtetl ajngeschlungen,
Un di bejse Windn huschn,
'Ss ganze Schtetl brent!
    Un ir schtejt . . .

'Ss brent, Brider, 'ss brent!
Oj, es kon, cholile, kumn der Moment:
Unser Schtot mit uns zusamn
Sol ojf Asch awek in Flamn,
Blajbn sol – wi noch a Schlacht –
Nor pusste, schwarze Went!
    Un ir schtejt . . .

'Ss brent, Brider, 'ss brent!
Di Hilf is nor in ajch alejn gewent!
Ojb doss Schtetl is ajch tajer,
Nemt di Kejlim, lescht doss Fajer,
Lescht mit ajer ejgen Blut,
Bawajst, as ir doss kent!
    Schtejt nit, Brider, ot asoj sich mit farlejgte Hent,
    Schtejt nit, Brider, lescht doss Fajer! Unser Schtetl brent!

Es brennt, Brüder, es brennt!

Es brennt, Brüder, es brennt!
Ach, unser armes Städtchen – Gott behüte! – brennt!
Böse Winde mit ihrem Brausen
Zerren, brechen und zerzausen,
Stärker werden die wilden Flammen,
Alles rundum schon brennt!
    Und ihr steht und schaut umher mit verschränkten Armen,
    Und ihr steht und schaut umher! Unser Städtchen brennt!

Es brennt, Brüder, es brennt!
Ach, unser armes Städtchen – Gott behüte! – brennt!
Es haben schon die Feuerzungen
Das ganze Städtchen eingehüllt,
Und die bösen Winde wüten,
Das ganze Städtchen brennt!
   Und ihr steht . . .

Es brennt, Brüder, es brennt!
Ach, es kann – Gott bewahre! – der Moment kommen,
Daß unsere Stadt mit uns zusammen
Wird zu Asche werden durch die Flammen.
Übrig bleiben – wie nach einer Schlacht –
Werden nur kahle schwarze Mauern!
   Und ihr steht . . .

Es brennt, Brüder, es brennt!
Helfen könnt ihr nur euch selbst!
Wenn das Städtchen euch teuer ist,
Nehmt Gefäße, löscht das Feuer,
Löscht mit eurem eigenen Blut,
Beweist, daß ihr das könnt!
   Steht nicht, Brüder, so umher mit verschränkten Armen,
   Steht nicht, Brüder, löscht das Feuer! Unser Städtchen brennt!

Niederschlagung des Warschauer Ghetto-Aufstandes.
SS-Truppen ziehen durch brennende Straßen.
Foto: S. Richter, 1943.

Sog nit kejnmol

Hirsch Glik, Dichter und Partisan, wurde 1920 in Wilna, Litauen, geboren. Bei der Besetzung durch die Deutschen im Zweiten Weltkrieg kam er in das Konzentrationslager Waisse Wake. Dort schrieb er eine Reihe von Gedichten, die ihm später einen Preis des Wilnaer Ghettos einbrachten. 1943 wurden alle Juden aus dem KZ Waisse Wake in das Wilnaer Ghetto gebracht, von wo aus Glik sich den Partisanen anschloß. In dieser Zeit, inspiriert durch den Aufstand im Warschauer Ghetto, schrieb er das folgende Lied. Es wurde sofort zur Hymne des jüdischen Widerstandes, später ein Symbol und Andenken an die jüdischen Partisanenbrigaden in Polen und den baltischen Staaten.
Hirsch Glik wurde nach der Liquidation des Wilnaer Ghettos erneut von der Gestapo verhaftet und in ein KZ nach Estland gebracht. Dort gelang ihm die Flucht in die naheliegenden Wälder. Er fiel kurze Zeit später im Kampf gegen deutsche Truppen im Alter von 23 Jahren.

Sog nit kejnmol, as du gejsst dem leztn Weg,
Chotsch Himlen blajene farschteln bloje Teg.
Kumen wet noch unser ojssgebenkte Scho,
Ss'wet a Pojkton unser Trot: mir senen do!

Fun grinem Palmenland bis wajtn Land fun Schnej,
Mir kumen on mit unser Pajn, mit unser Wej,
Un wu gefaln is a Schpriz fun unser Blut,
Schprozn wet dort unser G'wure, unser Mut.

'ss wet di Morgensun bagildn uns dem Hajnt,
Un der Nechtn wet farschwindn mitn Fajnd.
Nor ojb farsamen wet di Sun un der Kajor,
Wi a Parol sol sajn doss Lid fun Dor zu Dor.

Dos Lid geschribn is mit Blut un nit mit Blaj,
'ss is kejn Lid fun a Fojgl oif der Fraj,
Doss hot a Folk zwischn falndike Went,
Doss Lid gesungen mit Naganess in de Hent.

To sog nit kejnmol, as du gejst dem leztn Weg,
Chotsch Himlen blajene farschteln bloje Teg.
Kumen wet noch unser ojssgebenkte Scho,
Ss'wet a Pojkton unser Trot: mir senen do!

Sage niemals

Sage niemals, daß du den letzten Weg gehst,
Wenn auch bleierner Himmel den blauen Tag verdeckt.
Kommen wird noch unsere erträumte Stunde,
Dröhnen wird unser Schritt: Wir sind da!

Von dem grünen Palmenland bis zum fernen Land des Schnees
Kommen wir mit unserer Pein, mit unserem Weh,
Und wo ein Tropfen von unserem Blut geflossen ist,
Wird unser Heldentum sprießen, unser Mut.

Es wird die Morgensonne uns das Heute vergolden,
Und das Gestern wird verschwinden mit dem Feind.
Und wenn die Sonne und das Frührot ihre Pflicht versäumen,
Soll das Lied die Parole sein von Geschlecht zu Geschlecht.

Das Lied ist geschrieben mit Blut und nicht mit Blei,
Es ist kein Lied eines Volkes in der Freiheit,
Es hat ein Volk zwischen einstürzenden Wänden
Dieses Lied gesungen mit Pistolen in den Händen.

Sage niemals, daß du den letzten Weg gehst,
Wenn auch bleierner Himmel den blauen Tag verdeckt.
Kommen wird noch unsere erträumte Stunde,
Dröhnen wird unser Schritt: Wir sind da!

145

Schtil, di Nacht is ojssgeschternt

Auch die Worte und Weise dieses Liedes stammen von Hirsch Glik, das er während des ersten Aufstands im Ghetto von Wilna 1942 verfaßte. Es soll an das Mädchen Witke Kempner erinnern, die an diesem Aufstand teilnahm:

Schtil, di Nacht is ojssgeschternt,
Un der Frosst hot schtark gebrent.
Zi gedenksstu wi ich hob dich gelernt
Haltn a Schpajer in di Hent?

A Mojd, a Pelzl un a Beret,
Un halt in Hand fest a Nagan.
A Mojd mit a sametenem Ponim,
Hit op dem ssojne'ss Karawan.

Gezilt, geschossn un getrofn!
Hot ir klejninker Pistojl!
An Oto, a fulinkn mit Wofn
Farhaltn hot si mit ejn Kojl!

Fartog, fun Wald arojssgekrochn,
Mit Schnejgirlandn ojf di Hor.
Gemutikt fun klejninkn Nizochn
Far unser najem, frajen Dor!

Still, die Nacht ist voller Sterne

Still, die Nacht ist voller Sterne,
Und der Frost hat stark gebrannt.
Ob du an den Tag denkst, da ich dich sah,
Wie du ein Maschinengewehr in der Hand hieltest?

Ein Mädchen. Ein Pelz. Eine Baskenmütze.
Hält fest in der Hand die Waffe.
Ein Mädchen mit einem samtenen Gesicht
Beobachtet des Feindes Zug.

Gezielt, geschossen und getroffen!
Hat ihre kleine Pistole.
Ein Auto, voll mit Waffen,
Hat sie mit einer Kugel aufgehalten!

Am Vortage aus dem Wald herausgekrochen,
Schneegirlanden im Haar.
Vom kleinen Sieg ermutigt
Für unsere neue, freie Generation!

Jüdische Widerstandskämpfe-
rinnen im Warschauer Ghetto

Mir lebn ejbig

Dieses Lied entstand im Wilnaer Ghetto 1943. Es gehörte zum Finale der Vorstellung eines jüdischen Kabaretts, zu dessen Publikum auch deutsche Soldaten, sogar SS-Leute gehörten.

Mir lebn ejbig! Ess brent a Welt . . .
Mir lebn ejbig on a Groschn Geld.
Un ojf zu pikeness di ale Ssonim
Woss wiln uns farschwarzn unser Ponim.
Mir lebn ejbig, mir sajnen do,
Mir lebn ejbig in jeder Scho!

Mir weln lebn un derlebn,
Schlechte Zejten ariberlebn.
Mir lebn ejbig! Mir sajnen do!

Wir leben ewig

Wir leben ewig! Es brennt eine Welt!
Wir leben ewig ohne einen Groschen Geld.
Allen Feinden zutrotz,
Die uns anschwärzen.
Wir leben ewig, wir sind da,
Wir leben ewig in jeder Stunde.
Wir wollen leben und erleben,
Und schlechte Zeiten überleben.
Wir leben ewig! Wir sind da!

Glossar

Anmerkung zur Aussprache des Hebräischen: Für ihre religiösen Belange haben die Juden immer auch im Exil die hebräische und aramäische Sprache beibehalten. Zahlreiche Elemente aus diesen beiden alten semitischen Idiomen sind daher auch in die spezifisch jüdischen Exilsprachen eingegangen: In das Jüdisch-Persisch, das Ladino (Jüdisch-Spanisch) und das Jiddisch (»Judenteutsch«). Während aber die Juden auf der Pyrenäenhalbinsel immer die alte, harte semitische Aussprache beibehalten haben, wurde sie bei den Juden Mittel- und Osteuropas ein wenig »indogermanisiert«, und zwar in den verschiedenen Gegenden unterschiedlich. Unsere Lieder sind im wesentlichen im sogenannten »litauischen Jiddisch« festgehalten. Wo dessen Aussprache von der alten semitischen, die auch heute wieder in Israel gebräuchlich ist, abweicht, ist diese »alte Aussprache in Klammern neben dem Wort jeweils angegeben. Bei Wörtern anderer Herkunft ist jeweils auf den sprachlichen Ursprung ausdrücklich hingewiesen (polnisch, russisch, deutsch, lateinisch etc.).

Das Glossar ist unvollständig und fragmentarisch, es dient nur dazu, allen, die nicht Hebräisch können, den Einblick in den jiddischen Wortschatz ein wenig zu erleichtern.

abi (polnisch aby): wenn nur, damit

adenoj (adonaj): Herr, Gott

afile (afilu): sogar, wenn auch

Akzis (deutsch): Lebensmittel- oder Branntweinsteuer

Alef: 1. Buchstabe des hebräischen Alphabets

Almen (alman): Witwer

Almone (almana): Witwe

aschkenasisch: »Aschkenas« ist ein Bibelland, dessen Lage unbekannt ist. Bei den Exiljuden gewann das Wort die Bedeutung von »deutsch«, »deutschjüdisch« oder als Bezeichnung aller Juden, die dem deutsch-jüdischen Kulturkreis entstammen, vor allem also die Ostjuden.

asskinu sse'udosoo: Wir haben die Mahlzeit angerichtet . . . Beginn eines alten Liedes, das die Juden vor den »Schalosch Ss'udess«, dem dritten und letzten Sabbatmahl, anzustimmen pflegen.

Awejre (awejra): Sünde

Baal Schem Tow, abgekürzt **BESCHT**: Herr des »Guten Namens«, d.h. des geheimen Gottesnamens, mit dessen Hilfe man zaubern kann, also »Meister der Weißen Magie«. Fester Zuname des Begründers des Chassidismus, Israel ben Elieser.

Baal Cheschben (Baal Cheschbon): Buchhalter

Baal ha-Boss, meist **Baleboss** (baalha-bajit): Hausherr

Badchen, pl. **Badchonim** (badchan, badchanim): Spaßmacher

Balagole (Baal-Agala): Kutscher

balebatisch: Aus ordentlichem Hause stammend

Bass-Zijon (Bat Zion): Tochter Zions

Behelfer oder **Belfer**: Hilfslehrer am »Chejder«

Bejss-ha-Mikdosch (Bejt-ha-Mikdasch): der heilige Tempel von Jerusalem

Ben-jochidl (ben jachid): einziges Söhnchen

benkn (deutsch): bangen, sich sehnen

bentschn (lateinisch benedicere): segnen

Berditschewer, Brazlawer etc.: Da die chassidischen Wunderrabbis sehr bald regelrechte Dynastien bildeten, wurden sie oft nicht mit ihrem Namen genannt, sondern nur nach dem Ort ihrer Residenz.

Blote (polnisch blota): Kot, Dreck, Schlamm

Bocher (bachur): Jüngling

Bojd (deutsch Bude): Planwagen

Bojre (bore): Schöpfer

boruch (baruch): gelobt, gesegnet

Bossor (bassar): Fleisch

Breg, pl. **Bregess** (polnisch brzeg, ukr. breg): Ufer, Rand

Broche (bracha): Segen

Bronfn (deutsch): Branntwein

Bulbe, pl. **Bulbess** (polnisch bulba): Kartoffel

Bulke (polnisch bulka): Semmel, Weißbrot

Chadwe (chadwa): Freude

Chajim: Leben. **l'Chajim** oder **le-Chajim:** Prost!

Chalef (chalaf): scharfes Messer, Dolch

Chasn (chasan): Kantor

Chassene (chatuna): Hochzeit

Chejder oder **Cheder** (cheder): Zimmer. Gemeint ist im Jiddischen mit dem Begriff »Cheder« meist die hebräische Elementarschule für Knaben.

Chejlew (chelew): Talg. Nach Ritualgesetz verbotene Speise.

Chejn (chen): Charme, Liebreiz

Chejnefdik (von chejn): liebreizend

Chejschek (cheschek): Lust, Gelüste

Chidesch (chidusch): etwas Verwunderliches, hier im Lied im negativen Sinn: unangenehme Überraschung

Cholem (chalom): Traum

cholile (chalila): Gott behüte!

Chojschech (choschech): Finsternis

chotsch (polnisch choć): obgleich, wenigstens

Chossid, pl. **Chossidim** (chassid, pl. chassidim): wörtlich »Frommer«, meist sind die Anhänger der chassidischen Bewegung damit gemeint.

Chossn (chatan): Bräutigam. Häufige Wendung **Chossn/Kale:** Bräutigam und Braut. **Far a Chossn redn:** als Bräutigam vermitteln. Das Wort »redn« bezeichnet im Zusammenhang mit Heiraten immer Heiratsvermittlung. **A Schidech redn:** Eine Partie vermitteln.

Chupe (chupa): Traubaldachin

Chwazke (polnisch chwacka): eine Tüchtige

Dag, pl. **Dogim** (dag, pl. dagim): Fisch

Daless (dalut): Armut

dawenen (vermutlich persisch): beten

Derech-Erez: Landesbrauch, gute Sitte, Respekt

Duschenju (russisch): Seelchen, liebevolle Anrede

efscher (efschar): vielleicht

Ejdem: Eidam, Schwiegersohn

ejder (deutsch): eher als [bei Vergleich]

Ek: Ecke, Ende; **on an Ek:** ohne Ende, »grenzenlos«

Elohejnu: Unser Gott

Emess (emet): Wahrheit

»essn Teg«, wörtlich »Tage essen«: Mittellose Talmudstudenten wurden von den ansässigen Bürgern an bestimmten festen Wochentagen zum Essen eingeladen, die Studenten »aßen Tage« in bestimmten Haushalten.

»farlejgte Hent«: verschränkte Arme.

151

Im Jiddischen gibt es als Bezeichnung für »Arme« und »Beine« nur »Fiss« und »Hent«.

farjossmt (von hebräisch jatom = Waise): verwaist

Fonje: verächtlicher Ausdruck für Russe. Herkunft unbekannt. Eventuell vom russischen Kosenamen Fonja (von Athanasius) herzuleiten.

»gehakte Zoress«: Ein gerüttelt Maß Leiden (siehe Zoress)

gich (deutsch): schnell

Goj, pl. **Gojim:** Wörtlich »Volk«. Bei den Exiljuden nur noch als Bezeichnung 1. für nichtjüdische Völker, 2. nichtjüdische Individuen, und zwar eher abschätzig im Sinne von »grober Bauer«, »grober, primitiver Kerl«. Als »Goj« bezeichnet man auch religiös ignorante Juden.

Gojderl (deutsch): Goder, Kinn

Gojlem (golam): Lehmklotz. Mit diesem Namen wurde auch der mit Hilfe einer kabbalistischen Zauberformel erstellte Roboter aus Lehm des Rabbi Löw von Prag benannt. – Schimpfwort für einen denkfaulen, ungeschickten Menschen.

Goluss (Galut): Exil, nur für das Exil der Juden gebräuchlich. Übertragen: Elend

Gotenju: Koseform von Gott

Guter Jid oder **Giter Jid:** Feste Bezeichnung für Wunderrabbi

Gwir, weiblich **Gwirete** oder **Gwirte:** Reicher Mann, reiche Frau

ha...: hebräischer Artikel. Er ist immer mit dem nachfolgenden Hauptwort fest verknüpft. Auch im Sinne von »welcher«, ebenfalls mit nachfolgendem Wort fest verbunden. So in den Segenssprüchen über Gott, »welcher« das oder jenes »hervorbringt«: hamojzi (ha-mozi). Feste Redensart: »Mach Hamoizi!« = Sprich den Segensspruch!

ho-Ojlem (ha-olam): Die Welt. Auch im Sinne von Publikum, Gäste, Menge Leute.

Hawdole (hawdala): Unterschied, Scheidung: So nennt man den Segensspruch bei Sabbatausgang, der zwischen dem Festtag und der Arbeitswoche »scheidet«.

Hawtoche (hawtacha): Versprechen

i – i (polnisch): sowohl – als auch

Indik: Indischer Hahn, Truthahn

Irgosun (irgasun): eigentlich Verbalform: Exodus 15,14; Habakuk 3,7. Hier substantivisch gebraucht: Zorn.

Jam, pl. **Jamn** (jam, pl. jamim): Meer

Jorid (jarid): Jahrmarkt

Kabzen, auch **Kapzn,** pl. **Kabzonim** (kabzan, pl. kabzanim): Armer Teufel

Kadochess (kadachat): wörtlich Fieber, Malaria. Übertragen: großes Elend

Kameje: Kamee. Gemeint ist immer ein Amulett vom Wunderrabbi.

Kapote (polnisch kapota): Langer Männerrock

Kasche (kuschia oder kaschia): Einwand in einer Diskussion, Gegenfrage

Kejlim: Geräte, Waffen

kejn (deutsch): gegen, in Richtung auf . . .

Kejwer, pl. **Kworim** (kewer, kwarim): Grab

kessejder (ke-sseder): in Ordnung, der Reihe nach, wie es sich gehört

Kischke (polnisch kiszka): Darm, Kaldaune

klapn: klopfen, stampfen

Klejsl, Dim. von **Klous** oder **Klojs:** Klause. Gemeint ist immer das kleine Bethaus.

Klojsnik: frommer Nichtstuer, der den ganzen Tag in der Klojs herumsitzt.

Klesmer, pl. **Klesmorim** (von k'lej-semer = Musikinstrument): Musikant

Knass-Mol (knass = ursprünglich Geldstrafe; Verlobung, weil man bei der Verlobungsurkunde fest-setzte, welche Geldstrafe der zurücktretende Teil dem andern schuldete): Verlobungs-Mahl

Kohol (kahal): Gemeinde (immer die jüdische Gemeinde)

Kojech (koach): Kraft

Kol: Stimme

koscher (kascheir): rein, rituell erlaubt, übertragen: korrekt

Kossilke (russisch): Mähmaschine

Kojsse (koss): Trinkglas

Kowed (kawod): Ehre

Kowal (polnisch): Schmied

Kri'ess (kriot): Risse

Kretschme (polnisch karczma): Dorfschenke

Kugl oder **Kigl:** Auflauf, beliebtes Sabbatgericht

Lamdn (lamdan): von lamod = lernen, ein Talmudgelehrter

Lasskess (polnisch Laska): Gunst

latn (polnisch lata = der Flicken): flicken

le ... oder l' ...: zu ... Z.B. **le-Cha-jim** zum Leben, Prost; **le-Kowed:** zu Ehren ...

Lechem: Brot (vgl. Bet-Lechem = Bethlehem = Brothaus)

Lewone (lewana): Mond

Lejzim, sing. **Lejz:** Spaßmacher

Lomir: Laß uns ...

Maacholim oder **Majcholim** (maacha-lim): Speisen

Magid: Wanderprediger. Einzelne Wunderrabbis trugen ebenfalls diesen Titel.

Maj-ko-maschma-lon? Feste aramä-ische Formel im Talmud mit der Bedeutung: Was gibt uns diese Stelle zu verstehen?

Majim: Wasser

Maskilim: Aufklärer, immer zugleich auch Gegner des wundergläubigen Chassidismus

Mat'amim: Geschmäcker

Mazze (maza): ungesäuertes, flaches Osterbrot der Juden

Mechuten, pl. **Mechutonim** (mechut-an, pl. mechutanim): Vater (pl. Verwandtschaft) der angeheirate-ten Familie

Melamed: Lehrer. Immer nur der Kleinkinderlehrer für Hebräisch

Melech: König

miess, miss (mit langem i) (miuss): Ekel, mies

Midess (midot): wörtlich Eigenschaf-ten. Gemeint sind die erhabenen Eigenschaften etwa eines Wunder-rabbi.

Mikwe (mikwa): wörtlich Ansamm-lung. Rituelles Bad, in dem sich das vorgeschriebene fließende Wasser angesammelt hat.

Milchome (milchama): Krieg, Schlacht

Misrach: Osten. **Misrach-Winkel:** die in der Synagoge bevorzugte Ostseite und Ostwand, nach der man sich beim Gebet ausrichtet, weil die Heilige Stadt Jerusalem im Osten liegt.

m'kabel ponim (m'kabejl panim): empfangen

m'kujem (m'kujam): existent, ge-schehen

molej-chejn (malej-chejn): voller Liebreiz

Molotilke (russisch): Dreschmaschine

More-schchojre (mara schchora): Melancholie. Davon: **more-**

153

schchojredik: melancholisch
m'ssameach: jemanden erfreuen

Nachess (nachat): Vergnügen
Nadn (nedan): Mitgift
nebech oder **nebach:** Mitleidvoller,
 schwer übersetzbarer Ausruf
 mit verächtlichem Beiklang. Von
 mittelhochdeutsch »der nebige«
 = der Reitknecht, der – wahrhaft
 nebbich! – neben dem Ritter
 zu Fuß einhertraben mußte.
Niflo'ess (niflaot): Wunder (pl.)
Nign (nigun): Melodie, Dim. **nigele**
 oder **nigendl**
Nissim: Wunder (pl.)
Nowene (polnisch nowina): Neuheit,
 Überraschung

Ojlem (olam): Welt, auch im Sinn
 von Menge Leute, Publikum.
 Ojlem-habe (olam ha-ba): kommende Welt, Jenseits. **Ojlem-hase**
 (olam-hase): diese Welt, Dies-
 seits
Ojscher (oscher): Reichtum. Übertragen: reicher Mann
ojssgemutschet (deutsch/polnisch):
 zermürbt, zerquält
Ojssiess (otiot): Buchstaben. Meist
 sind die hebräischen gemeint.
Ojzer (ozar): Schatz
onizess (polnisch onuca): Wischlap-
 pen, Lumpen, Fußlappen
Orwess (arwut): Bürgschaft
ot (polnisch): siehe da!
Owess-Awessejnu (awot-awotejnu):
 Väter unserer Väter = unsere
 Vorväter

Padle (polnisch padlina): Aas
Patschaj: eine säuerliche, mit Ei
 unterzogene Suppe mit Hühner-
 oder Gänseklein darin.
Pejess (peot): Schläfenlocken des
 orthodoxen Juden
Pidjen (pidian): Lösegeld, Geldge-
 schenk an einen Wunderrabbi

Pipikl (polnisch pepek = Nabel):
 Mägelchen (von Geflügel)
Pissk (polnisch pysk): Maul
plessken (polnisch plesc): klatschen
Pojesd (polnisch pojazd = Kutsche):
 Fahrt, Transport, Zug
Pripetschok (russisch): Ofen
Prisiw (russisch): Rekrutierungs-
 kommission
prosster (polnisch prosty): einfach,
 gewöhnlich
Purim: lustiges Fest der Juden etwa
 um die Fasnachtszeit
pusste (polnisch pusty): wüst leer

Rabonim, Rebbe, Reb', Raw: Alles
 von hebräisch raw = groß, mäch-
 tig. **Row** (raw): Stadtrabbiner,
 zugleich mit den Funktionen
 eines Standesamtsbeamten, aber
 nur für die jüdische Gemeinde.
 Rebbe (deutsch Rabbi): wörtlich
 »mein Rabbiner«, heute nur
 noch »der Rabbiner«: Oberhaupt
 einer jüdischen Religionsgemeinde.
 Abkürzung **Reb',** immer vor
 einem Namen, z.B. **Reb' Mojsche:**
 Nur noch respektvolle Anrede
 wie »Herr«. **Rabonim:** Mehrzahl
 von **Raban** (Rabbiner), abgeschlif-
 fen nur noch im Sinn von »geehr-
 te« oder »gelehrte« Herren.
Rote (russisch): Truppe, Armee
Rozn (razon): Willen

Schalosch-Ss'udess, verwischt zu
 Schaleschudess (schalosch Sseu-
 dot): Drittes Sabbatmahl am
 Spätnachmittag, ehe der Werktag
 wieder anbricht. Gesänge und
 Festspeisen sind dabei üblich.
Sejde (polnisch dziad): Großvater
Sejger (deutsch): Uhr
Selner: Söldner, Soldat
Semer, Semerl (semer): Gesang.
 Semerl = Diminutiv
sephardisch: Sepharad = Spanien.
 Als »sephardisch« bezeichnet

man aber nicht nur alle Juden der pyrenäischen Halbinsel, sondern oft auch die orientalischen Juden der moslimischen Länder.

-she (polnisch że): daß, weil, also. Wird oft an ein vorangehendes Wort angehängt: **sog-she!** = Sag also!

sikorn (sikaron): Gedächtnis, Erinnerung

ssach, meist »a ssach«: wörtlich Summe; »eine Menge«, viel

Ss'chojre (ss'chora): Ware

Ssejchl (ssechel): Verstand

Ssimchess-Tojre (ssimchat-Tora): Fest der Torafreude

Sskorinke (polnisch skóra): Rinde, Kruste

Ssonim: Feinde

Ssotn (ssatan): Satan

Taamim oder **Taimim:** Geschmäcker, Geschmacksnuancen

Tachrichim: Totenkleider

take (polnisch taki): in der Tat, wirklich

Talmud: nachbiblisches religiöses Schrifttum der Juden etwa von 500 vor bis 500 nach Chr. Etwa: Jüdische Scholastik.

Tatenju (polnisch tata): Papachen

Tfissess (tfissot): Gefängnisse, Fesseln

Tenojim (t'najim): wörtlich Bedingungen, Vorbedingungen. Übertragen: Verlobung

Tojre (tora): Lehre. 1. = Bibel; 2. gesamtes religiöses Schrifttum; 3. Weisheit, Bildung

Tolk (englisch): offenbar von Rückwanderern aus Amerika in Osteuropa eingeschleppt: Entscheid

totschen (sich totschen) (polnisch toscyc): sich wälzen

Trern: Tränen

Zadik, pl. **Zadikim:** Gerechter, Frommer. Feste Benennung des chassidischen Wunderrabbi.

Zar: Leid

Zore, pl. **Zoress** (zara, zarot): Kummer, Leid

zi – zi (polnisch czy): ob – oder ob; ob vielleicht

Literatur

Jiddisch

Birnbaum, Salomo A.: Die jiddische Sprache. Ein kurzer Überblick und Texte aus acht Jahrhunderten, Hamburg 1986.

Burg, Josef: Ein Gesang über allen Gesängen, Hildesheim 1993.

Illustrierter Werter-Lotto. Lern- u. Spielmaterial far der jiddischer Schul. 100 Werter - 100 Bilder. Anweisungen. (Zu beziehen über Literaturhandlung Salamander, München Berlin Wien.)

Landmann, Salcia: Jiddisch, Berlin 1986.

Lötzsch, Ronald (Hg.): Jiddisches Wörterbuch. Mit Hinweisen zur Schreibung, Grammatik und Aussprache, Mannheim 1990.

Perez, Isaak L.: Leben Sollst Du. Ostjüdische Erzählungen mit Bildern von Marc Chagall, Freiburg 1993.

Simon, Bettina: Jiddische Sprachgeschichte. Versuch einer Grundlegung, Frankfurt 1993.

Wolf, Siegmund A.: Wörterbuch des Rotwelschen. Deutsche Gaunersprache, Hamburg 1985.

ders.: Jiddisches Wörterbuch mit Leseproben. Wortschatz des deutschen Grundbestandes der jiddischen Sprache, Hamburg 1991.

Jüdische Geschichte, Musik, Literatur

Ansky, S. The Dybuk and other Writings. Hg. und eingel. von D. G. Roskies. 1992.

Buber, Martin: Die Erzählungen der Chassidim, Zürich 1949.

Ehrenpreis, M., und A. Jensen: Judarna, Stockholm 1920.

Eliasberg, Alexander: Ostjüdische Erzähler, Wiesbaden 1980.

Der Fiedler vom Getto: Jiddische Gedichte aus Polen. Aus dem Jidd. von H. Witt. Leipzig 1978.

Marian Fuks, Zygmunt Hoffman, Maurycy Horn, Jerzy Tomaszewski: Polnische Juden, Geschichte und Kultur, Verlag Interpress Warschau.

Idelsohn, A.Z.: Jewish Music in Its Historical Development, New York 1975.

Illustrierter Werter-Lotto, Lern- und Spielmaterial far der jiddischer Schul. 100 Werter - 100 Bilder. Anweisungen. (s.o.)

Katscherginsky, Schalom: Destruction of Jewish Wilna, New York 1947.

Jizchak Katzenelson: Dos lid vunem ojsgehargten, jidischn volk. Uebersetzung und Kommentare: Wolf Biermann, Köln 1994.

Kottlek, Dr. H.: Geschichte der Juden, Frankfurt a.M. 1915.

Landmann, Salcia: Jiddisch, Abenteuer einer Sprache, München 1965.

Lötzsch, R. (Hg.) Jiddisches Wörterbuch. Mit Hinweisen zur Schreibung, Grammatik und Aussprache, 1990.

Arno Lustiger: Zum Kampf auf Leben und Tod. Vom Widerstand der Juden 1933-1945, Kiepenheuer und Witsch.

Mieses, M. Die Entstehungsursache der jüdischen Dialekte. Mit einer Einleitung von P. Freimark, 1979.

Rabinovith, Israel: Of Jewish Music, ancient and modern, Montreal 1952.

Rothmüller, A.M.: Die Musik der Juden, Zürich 1951.

Eva Scheer: Bei uns im Stetl, Geschichten aus ostjüdischer Vergangenheit, Berlin 1987.

Schilling, Konrad (Hg.): Monumenta Judaica, Köln 1963-1964.

Schoeps, Hans Joachim: Jüdische Geisteswelt, Zeugnisse aus zwei Jahrtausenden, Darmstadt 1953.

Isaak Bashevis Singer: Zlateh die Geiß und andere Geschichten, München 1977.

Tharaud, Jerome & Jean: Petite Histoire des Juifs - Judarnas kamp och tro, Stockholm 1933.

Wolf, S.A. Wörterbuch des Rotwelschen. Deutsche Gaunersprache. Korr. Nachdruck von 1956, 2., durchges. Aufl. 1985.

Wouk, Hermann: Er ist mein Gott, Hamburg 1961.

Mark Zborowski, Elisabeth Herzog: Das Schtetl. Die untergegangene Welt der osteuropäischen Juden, München 1991.

Lied

Jacobsen, J/Jospe, E. (Hg.) Das Buch der jüdischen Lieder. Eine Sammlung

Jacobsen, Js., und Erwin Jospe: Hawa Naschira - Auf laßt uns singen, Leipzig-Hamburg 1935.

Janda, Elsbeth und Max M. Sprecher: Jiddische Lieder, Frankfurt a.M., 1970.

Jiddische Volkslieder, Heft 1: Berufs- und Ständelieder, Heft 2: Kinder- und Wiegenlieder, Heft 3: Liebeslieder, Texte und Noten.

Kaufmann, Fritz Mordechai: Die schönsten Lieder der Ostjuden, Berlin 1920 (Neudruck in Israel).

Lemm Manfred; Mordechaj Gebirtig-Jiddische Lieder, Das Gesamtwerk. Edition Künstlertreff, Wuppertal 1992.

Liederhefte des Skandinavisch-Jüdischen Jugendverbandes S.J.U.F., Stockholm-Kopenhagen-Oslo 1948-1953.

Lilienfeld, F.: A krants scheyne lidlech, Jiddische Lieder, Pan Zürich, 1990

Manger, I.: Lied und Ballade, 1976.

Paternak, Velvel: Hassidie Favorites, New York 1972.

Reprints From Sing Out, The Folk Song Magazine, New York 1963.

Rubin, Ruth: Jewish Folksongs, New York 1965.

Sachsenhausen-Komitee (Hg.) Das Lagerliederbuch. Lieder, gesungen, gesammelt und geschrieben im Konzentrationslager Sachsenhausen bei Berlin 1942, 1983[4].

Schwartz, Teddi/Kevess, Arthur: Tumbalalaika, A collection of 17 Jewish Songs, New York o.J.

Shiron, A. Loose - Leaf Song Book for Jewish Youth J.N.F., London 1950.

Vinkovetzky Aharon, Kovner Abba, Leichter Sinai: Anthology of Jiddish Folksongs, 4 Bände, The Hebrew University of Jerusalem, Mount Scopus Publications by the Magnes Press, Jerusalem 1983.

Yardeini, Mordeccai: Yiddish Poets in Song, New York 1966.

Schallplatten

In den sechziger und siebziger Jahren konnte man in Europa eine ganze Menge Platten mit jiddischen Liedern erhalten, die in den USA eingespielt waren: *Theodor Bikel* auf Electrola, *Ruth Rubin,* Riverside Records, *Horowitz Family,* Folkway Records, *Martha Schlamme,* Vanguard und viele andere. Ob diese LPs noch aufzutreiben sind, können wir nicht beurteilen. Meistens sind solche Schallplatten in Spezialgeschäften für Folklore erhältlich. Vor kurzem fanden wir in Stockholm zwei 1977 und 1978 erschienene Einspielungen der Gruppe »The Klezmorim« mit den Titel »East Side Wedding« und »Streets Of Gold« auf Arhooli. Sie enthalten jiddische Hochzeits- und Tanzmusik, überwiegend instrumental, selten mit Liedtexten. Die Gruppe lebt in San Francisco, Kalifornien, und spielt nach alten Vorbildern, die sie teilweise im jüdischen Museum in Berkeley und auf alten 78er Platten gefunden haben. Sie haben den richtigen jiddischen Sound.

In der Bundesrepublik Deutschland und in Österreich erschienen unseres Wissens in den letzten Jahren:

- 1977 Espe, Jiddische Lieder, Hansa - Der Andere Song, LP 28924 Ariola
- 1977 Oksana Sowiak, Yiddish Songs 2, LP 1C 06599677, Harmonia Mundi, Electrola
- 1979 Geduldig und Thimann, Kum aher du filosof, LP INT 160.126 Mandragora-Intercord
- 1979 Zupfgeigenhansl, Jiddische Lieder, LP 88141 Pläne
- 1979 Espe, Jiddische Lieder 2, LP ES 5020 Stockfisch.

Die beiden letztgenannten enthalten eine ausgezeichnete Dokumentation in den dazugehörigen Textheften, die die Platten besonders wertvoll machen.

Seit unserem letzten Buch sind eine Unmenge neuer LPs und später CDs mit jiddischer Musik erschienen. Vor allem von Klezmer Musik-Gruppen. Alles fing mit den „Klezmorim" aus San Francisco, Kalifornien in den 80ern Jahren an. Auch in Stockholm erschien eine sehr gute Klezmer CD der Gruppe Sabbath Hela Veckan, Prophone 1994.

Chava Alberstein: The Best of iddish Songs, Israel 1992.

Europäisches Jiddisch-Festival, Leverkusen 1994, Edition Künstlertreff CD.

Basia Frydman: Farbotene Lider ojf Jiddisch, Stockholm Prophon CD 1991.

Gesang un tants, Das zweite Festival des jiddischen Liedes. Fürth 1990, Pan CD 1991.

Daniel Kempin: Mazl un Schlamazl, Wiesbaden, Lucifer CD 1992.

Salcia Landmann, Jüdischer Witz, Oksana Soviak, Jiddische Lieder 1992.

Manfred Lemm: 3 CDs mit Liedern des Volkssängers und Arbeiterdichters Mordechaj Gebirtig, Edition Künstlertreff, Wuppertal 1992.

Francois Lilienfeld: Dejne ojgn. Jiddische Lieder. Zürich, Pan CD.

Jalda Rebling, Juden in Deutschland, Klang CD.

Peter Rohland: Jiddische Lieder. Thorofon 1991. (Roland war einer der ersten Deutschen, die nach dem Krieg jiddische Lieder sangen.)

Karsten Troyke: Yiddish Anders, Berlin 1992.

Ben Zimet: Chants Yiddisch, Paris 1992.

Alphabetisches Verzeichnis der Lieder

Bildquellenverzeichnis